U0688187

高校教师教学能力
发展与教育管理

范士龙　周兴平　李月萍　著

中国原子能出版社

图书在版编目（CIP）数据

高校教师教学能力发展与教育管理/范士龙，周兴平，李月萍著.--北京：中国原子能出版社，2022.12

ISBN 978-7-5221-2634-0

I.①高...Ⅱ.①范...②周...③李...Ⅲ.①高等学校-教师-教学能力-研究Ⅳ.①G645.12

中国版本图书馆 CIP 数据核字(2022)第 250054 号

高校教师教学能力发展与教育管理

出版发行：中国原子能出版社（北京市海淀区阜成路 43 号　100048）

责任编辑：付　凯

责任校对：冯莲凤

印　　刷：长春市华远印务有限公司

经　　销：全国新华书店

开　　本：787 mm×1 092 mm　1/16

印　　张：9.5

字　　数：237 千字

版　　次：2022 年 12 月第 1 版　　2024 年 1 月第 2 次印刷

书　　号：ISBN 978-7-5221-2634-0　　定　　价：68.00 元

前言

我国高等教育在实现大众化的道路上,注重高等教育普及的同时也越来越注重教育质量的提高。提升高等教育质量的重任则落在了高校教师的身上,所以当前高校师资竞争愈加激烈,高校教师教学能力培养也成为国家、地方政府以及高校所关注的焦点问题。通过教师队伍教学能力的提升,来提高高校教学水准成为当前我国高等教育发展的共识。特别是在大数据时代下,知识信息传播迅速,高校竞争愈加激烈,学生求知欲望愈加强烈,在这种情况下,高校教师的教学能力对于高校整体发展至关重要。

高校教师教学能力提升制度的建立需要国家、地方政府以及高校共同配合,各层组织发挥自身的优势,确保制度的法制性和人性化。以法制性作为制度确立以及执行的基础,确保制度能够得到下级组织的执行,同时保证制度具有人性化特征,注重人本,提高教师对于制度的接受度。总体来说,本书认为,国家、地方政府以及高校三层管理组织能否发挥作用至关重要。另外,教师个人对于职业的认可度也十分重要,这需要高校对教师投入更多的关注,不论是在工作还是生活上尽可能地满足教师的需求,解决教师的后顾之忧,使其可以更好地投入工作之中。

本书以高校教师为研究对象,对高校教师与教育管理教学能力发展与教育管理进行探索,立足于高校在教师教学能力发展进程中的职能,以高校教师教学显性需求及隐性需求为出发点,探索高效教师教学能力形成及机制构建,制度与创造力发展、技术能力发展,以提升高校教师教学能力为目的,提出符合国内高校教育师资管理体系及方法,师资管理优化的机制建构。本书对从事教育专业的研究学者与教师教学工作者有学习和参考的价值。

本书在编写过程中,参考和借鉴了许多相关书籍与资料,在此表示最诚挚的谢意。由于本书涵盖范围较大,本人时间与精力所限,书中难免存在不妥与疏漏之处,恳请相关专家与广大读者提出宝贵意见。

目录

第一章　高校教师教学能力概述

第一节　高校教师教学能力的概念

高校教师教学能力发展是提高高校教师教学能力的重要前提,教学能力发展涉及教育学、心理学等方面的理论知识,我们以心理学能力理论、终身教育理论、能力发展理论等为理论基础,构建高校教师教学能力发展框架,为高校教师教学能力发展研究奠定理论基础。

一、能力概述

(一)能力的概念及特征

能力这个概念比较复杂,通常心理学上把能力看作是一种心理特征,是实现某种活动的心理条件。一个人在心理上具备了完成某项活动的潜力和可能性,我们可以称其具备某种能力;同时他又能够通过完成某项任务或活动而展示出水平,又从他的行为表现出了这种可能性,这也可以说他具备某种能力。我们认为能力包含了这两个层面,缺一不可。以教师教学能力为例,教学能力既包括教学内容相关的专业知识和理论,也包括通过教学过程展现出的教学水平。我们所说的教学能力就包括知识和技能两个层面,下面就对知识和技能进行详细的阐述。

(二)知识

1.知识的内涵

一直以来,知识是哲学家、社会学家等十分感兴趣的话题。在古希腊,知识被认定为通往真理的途径,文艺复兴时期到现如今,知识逐渐变成了一种相对工具。知识的界定还是比较困难的。

《知识革命论》中从广义、狭义和特定的知识论三个方面介绍了知识的定义:广义上,知识是人类社会实践活动的经验总结,也是人类社会包括人工环境、人工智能所创造的一切经验形态、智慧形态、智能形态的总和。狭义上,知识是人类社会实践创造活动的产物和再生物,是一切思想体系、理论体系、工具体系和逻辑体系的综合。特定知识论认为,知识就是数字、符号;知识就是人类社会思想信息进行传输、存储、生产、交换、使用、消费和创意的数字符号系统。综合而言,知识是经验、信息、工具、逻辑和思想创意的数字符号系统。

综上,我们可以将知识理解为其一个属性是可以被证实的、真的、被相信的、经过实践验证的，被传播的数字符号系统。然而知识还有另一种属性，就是奎因所说的可以是一种技能财产，比如说实证的知识、高级技能等，也就是说知识将静态的数字符号系统变成动态的综合体，可以作为能力看待。

2. 心理学知识观

①陈述性知识（declarative knowledge），即狭义的知识。它是表示事实性知识，用来回答事物"是什么""为什么""怎么样"的问题。

②程序性知识（procedural knowledge），也叫操作性知识。它是在认知活动中如何操作的知识，主要用来解决"做什么""如何做"的问题。

③策略性知识（strategic knowledge），是关于如何学习、如何思维的知识，是关于如何使用陈述性知识和程序性知识去学习、记忆、解决问题的一般性方法，包括认知策略和元认知策略。

（三）技能

1. 技能的概念及内涵

我们一般将技能理解为通过练习而形成的合乎法则的活动方式。如跳舞、打算盘、做体操、游泳、实验、操作电脑等。《辞海》将技能定义为运用知识和经验执行一定活动的能力。《教育词典》把技能定义为通过学习重复和反省而习得的体能、心能和社会能力。《心理学大词典》把技能定义为个体运用已有的知识经验，通过联系而形成的智力动作方式和肢体动作方式的复杂系统。

技能通常是在一定实践性知识获取的基础上，经过后天学习和练习培养而成的智力或动手能力，是我们持续运用和依靠的技能。

2. 技能的分类

（1）根据主体的活动方式分类

根据主体的活动方式，技能可分为智力技能和动手操作技能，前者是在头脑中对事物进行分析、综合、思维抽象、概括等智力（思维）活动；后者是指由大脑控制机体而完成的一系列活动方式。动作技能又称为运动技能，是由一系列合乎法则和外观的肌肉运动组成的、顺利完成任务的动作方式，如使用工具等。动作技能主要是借助于骨骼、肌肉和相应的神经过程来实现的。心智技能是指借助于内部语言在头脑中进行的智力活动方式。心智技能都是通过学习而形成的。心智技能包括感知、记忆、想象和思维等认知因素，是一种按照客观的、合理的、完善的程序组织起来的认知活动方式，是一种内隐的智力操作，没有明显的外部动作。

（2）根据技能的性质分类

根据技能的性质，技能可分为可迁移技能与不可迁移技能。可迁移技能：主体所做的维持生活运转的事情。通常使用行为动词来描述它们。如：组织、计划、装配、修理、调查、操作……它们可以迁移到许多工作中。专业技能和适应性技能都是不可迁移的技能，需要个体通过知识的学习和积淀,慢慢积累形成。

(四)能力、知识与技能的关系

知识是人脑对客观事物的主观表征,是活动的自我调节机制中不可缺少的构成要素,也是能力基本结构的不可缺少的组成成分。技能是人们通过练习而获得的动作方式和动作系统。技能直接控制活动的动作程序的执行,是活动的自我调节机制的重要组成,也是能力结构的组成成分。

知识和技能是能力的基础,并不等于能力,只有那些能够广泛应用和迁移的知识和技能,才能转化为能力。通过知识和技能的获得形成和发展成为能力,知识和技能的积累也会不断提升人的能力,从一个人掌握知识和技能的速度以及质量来看,能够了解能力的大小。

高校教师教学能力包括教学知识和教学技能两个大的因素群。高校教师的教学知识是指那些已经证实的、确真的、获得共识的数字符号系统,包括显性知识和隐性知识。显性知识包括感性知识和客观规律性知识。也就是教学知识包括教学是什么,教学的意义与价值,教学中师生关系等感性认知,还包括教学的规律、教学主客体、教学论等客观规律性知识,这些是显性的,可以用图文、记录和传播的。还有一种隐性知识,是经验的、模拟的、体验的、实践的知识,是已经内化在个体主观意识中的一种知识,这种知识迁移难度最大,但如果在不掌握这种知识的情况下开展行动,这种行动仅是简单的模仿,难以推广和辐射。我们举个例子,比如当前学习汽车驾驶技术,教练员通过长年的驾驶经验,在头脑中已经内化出许多隐性知识来指导学员驾车实践。但在他们教授新学员的时候,他们不能将这些隐性知识很好地展示出来,那么新学员便只是模仿教练的操作行为,并没有获得隐性知识来指导行为。因而学员通过考试之后还需要经过长时间的操作练习,自己通过大脑提炼出隐性知识,内化成自己的知识,进一步指导实践。教师能力发展中关于教学技能的隐性知识也是如此,如果不能获得教学技能相关的隐性知识就会对教学实践不利,更不利于教师整体教学水平的提高。教师能力发展中教学技能包括通过培训、微格、后天联系、训练等获得的实践技能,另外,还有一种教学技能是教师个体通过知识的学习和积淀,慢慢积累形成的。

二、高校教师教学能力框架

教学能力是高校教师进行教学和组织教学的能力,是高校教师最基本的能力。我们借鉴心理学的能力理论,根据教师教学能力的特点,构建高校教师多层次的教学能力结构框架。

(一)教学能力

教学是动词,是把知识或技能传给他人,是教师教和学生学所组成的一种人类特有的人才培养活动。教学能力是教师为了达到教学目标,在从事教学活动中所表现出来的一种心理特征。

而从教学行动本身来看,教学是教师与学生的一种互动,最终目标是实现学生获得知识和素质提升。

(二)教师教学能力结构

根据层次结构理论,将教师教学能力分为四个层次,普遍因素、大因素群、小因素群和特殊因素群;再根据能力结构理论和多元智力理论,对各个层次的教学能力进行因素细化。普遍因素是最高层次,第二层次包括知识、操作与机械两大因素群,第三层次为小因素群,包括教学与认知、言语与逻辑、行为与控制、关系与结果四组小因素群,第四层次是特殊因素。这种层次结构就将其作为教师教学能力结构框架。

第二节 高校教师教学能力的内涵与特征

一、高校教师教学能力发展的背景与意义

高等学校作为培育高水平创新人才的一大主要基地,其主要工作是教学,而教师的教学质量是其核心保障所在。如果不充分注重教学的基础性地位,必然会导致广大教师忽视教学质量,学校的总体教学水准难以得到保障,最为关键的是,学生的学习质量难以得到有效提高,所以,高校教师教学能力的地位必须得到重视。教师逐渐成为高校教学工作的中坚力量,肩负着教书育人的重要职责,为国家培养德智体全面发展、具有专业职业技能的社会主义现代化人才。所以,具备较强的教学能力,是高等学校教师从事教育教学工作最基本的要求,也是提高教学质量的基本保证。振兴民族的希望在教育,振兴教育的希望在教师。

(一)高校教师教学能力发展的背景

教师教学能力发展是高等教育从数量扩张转为"内涵式发展"建设的现实需要,是信息社会和知识时代的必然要求,是高等教育质量的重大战略保障,教师的教学能力最直接和最具效能地影响着教学质量,进而影响高校长足发展和人才培养质量。

1. 提高高等教育教学质量的现实需要

一般来说,高校的扩招存在其合理性和必要性。高校扩招在一定程度上实现了教育公平,使高等教育从精英化的少数人的特权变成了大众化的多数人的权利,使更多的学生圆了大学梦。然而,尽管高等教育扩招从宏观的国家与社会层面来看利大于弊,但在扩招政策的实践过程中,其弊端也逐渐显现出来,其中备受关注的便是高等教育教学质量下降的问题。正所谓:"百年大计,教育为本;教育大计,教师为本。"提高教育质量,教育的快速发展,教师是关键。当前,高校的教师普遍趋于年轻化,35 岁(包括 35 岁)以下的教师撑起了高校教师团队的半边天,因此,教师的整体教学水平,不但直接决定着高校的教学质量,也决定着我国高等教育在未来数十年的综合质量。正因为教师在教育教学中扮演着极为重要的角色,因

此，必须对教师的教学能力给予百分之百的关注和重视。

2.提升高校教师教学能力的现实需要

近年来，高校教师的年龄结构趋于年轻化，35岁（包括35岁）以下的教师在高校教师队伍中成为主力军。教师人数的上涨可谓是给高校的师资队伍注入了新鲜又具有活力的血液。首先，教师思维活跃，与学生的年龄差小，能够在短时间内融入学生群体，易与学生建立亦师亦友的师生关系。其次，教师具有深厚的专业知识，接受新信息的速度快，富有创造力等。然而，优势并不能掩盖不足。随着高等教育的扩招，高等学校的师生比严重失调，教师队伍急需扩大，特别是许多新建本科院校为了解决师资不足，让大多数年轻教师刚刚毕业就走进课堂，教学实践和教学经验都比较匮乏。另外，教师尤其是毕业于非师范院校的教师，由于在学生阶段缺乏系统而全面的有关高等教育教学方面的培训，因此对于教学理论、教学技能、教学方法等方面的知识十分不足。除此之外，教师的心理压力大，导致教师的角色转换慢，缺乏敬业精神，因此导致了教师的一个通病，即教学能力不足。对于高校来说，教学是重中之重。

3.高等教育信息化发展的要求

在教育信息化背景下，其一，社会信息化要求学生学习新技术，掌握新理念，提升利用技术进行学习及解决问题的能力；其二，随着网络技术的发展，精品课程、网络公开课、网络学习资源迅猛发展，加之便捷的网络交流，学生利用网络进行自主学习与探究成为学习和获取信息的重要途径；其三，由于高等教育是学校教育系统的最高层次，因其相对充裕的经费支撑和高层次的师资队伍，在信息化进程中必将承担更多的社会职责。面对来自社会需求、学生需要和网络资源冲击的影响，要求高校教师能够掌握新技术，提升自身的信息素养；引导学生利用信息技术改变学习方式，发展利用信息技术与环境解决问题的能力；研究信息社会发展过程中，环境变化、学生变化及信息技术发展的特征，探索将信息技术融入教学的有效模式，尽最大可能发挥技术的正向作用，提升教学质量与效率，进而引导其他层次教育、教学模式的改革与发展。

在以往的研究中发现：①多数高校教师对利用信息技术进行教学有着积极的态度，并已经应用信息技术完成了大量的教学实践工作，但还缺乏对应用信息技术有效改善教学效果的研究意识；②高校师生对教师在教学中应用信息技术发展学生能力方面的认可度不高，主要缘于师生缺乏对ICT在教学中应发挥作用的正确认知；③高校教师自我发展信息技术教学能力意识较强，但目前高校有关部门对教师发展ICT能力的支持与服务还很不足。因此，关注信息化教学环境下教师教学能力发展的理论与实践研究、提升高校教师教学能力，是社会信息化、教育信息化发展的必然要求。

4.高等教育国际化发展的要求

高等教育国际化发展的趋势将我国高等教育整体推向国际市场，作为发展中国家的高等教育在这场竞争中面临的挑战与机遇并存。在这场国际竞争中,各国主要目标在于通过争夺生源和办学市场获得经济利益,通过争夺人才市场促进本国经济发展,提升本国教育水平和竞争力。提升国际化人才培养质量主要依赖于教师,要求教师具备以下教学能力:①了解世界各国文化,能有效传播本国优秀的传统文化;②具备一定的国际观念和国际交流能力,在教学中能自由地与来自各国的学生无障碍沟通与交流;③构建符合综合人才培养的国际化人才培养模式、课程体系和教学内容;④有效获取信息,掌握新技术和学科发展新动向,能够领军学科发展,增强学科教学的竞争力与吸引力。为了提高高等教育的国际化竞争力,加速高等教育理念、人才培养模式、教育内容、教育合作与交流的国际化进程,对教师教学能力发展提出了迫切的要求。

5.教师专业化发展的要求

高校教师专业化发展的主要目的在于促进个人自我实现,提升学校学术文化,达成学校教育目标,从而提升整体教育质量。高校教师专业发展是教师个人成长和高等教育发展的重要途径。高校教师专业发展的内涵包括:教学、研究和社会服务的专业知识、技能与精神三个方面。但是,目前高校教师专业发展偏重科学研究能力,背离了大学的本质与中心工作——教学工作。

(二)高校教师教学能力发展的意义

1.理论意义

(1)完善教师教学能力发展的基本理论研究

高校教师教学能力发展研究是开展教师教学评价与促进教师发展的导向与基础。本研究从理论构想和实践验证两个方面构建教师教学能力评价体系,分析高校教师教学能力影响因素,完善我国高校教师教学能力发展的基本理论研究。因此,本研究力求完善高校教师教学能力评价体系,为各种类型高校开展教师教学能力发展现状调查提供可借鉴的调查方法与工具。

(2)促进高校教师发展理论的本土化发展

我国主要是立足国情和地区特点,开展以实证研究为主的研究,促进我国高校教师教学能力发展理论的本土化研究。

2.实践意义

(1)政策层面上,提高高校教师教学能力,是贯彻落实教育规划纲要,加强教师队伍建设的必然要求

教师作为教学一线的主力军,加强教师的教学实践能力尤为重要。《国家中长期教育改革和发展规划纲要(2010—2020 年)》(以下简称为《纲要》)为高等教育的长远发展指明了方向,高等教育承担着培养高级专门人才、发展科学技术文化、促进现代化建设的重大任务。《纲要》提出,要以教师和创新团队为重点,建设高素质的高校教师队伍;大力提高高校教师

教学水平、科研创新和社会服务能力。高等教育的发展水平很大程度取决于人才培养质量，而人才培养质量取决于拥有一支整体素质高、实践能力强、实践经验丰富的教师队伍。

（2）构建适合高校教师教学能力发展的引力、助力和驱力体系，是提高高校教学和人才培养质量的重要保障

从国内背景看，我国如火如荼的高校扩招的教育现实从客观上引发了社会和政府对高等教育质量问题的关注。作为影响高等教育质量的重要因素之一，大学教师的教学能力逐渐被提上重要的议事日程。随着招生规模的急剧膨胀，高校教师资源匮乏比较严重。教师是教育的根本，教师队伍的质量决定了学校教学质量和学生培养质量。高校不仅要从教师数量上满足教学的需要，更要从教师质量上来促进教学质量的提高，为了适应知识不断更新和高等教育大众化发展的需要，加强对大学教师教学能力的培养成为当务之急。教师的教学能力是衡量教学质量的试金石。面对我国当今社会经济发展对高等教育培养数以千万计的专门人才和一大批拔尖创新人才的需求，传统意义上的大学教师教学能力的局限性日益凸显。与此同时，高校教师作为高校专任教师的主力军，虽然有自己的优势，但他们的教学能力发展不平衡，驾驭教学内容、因材施教、脱稿讲课、教学创新、反思以及研究等方面的能力都比较欠缺。基于这种形势，一些高校适时做出了反应。

二、高校教师教学能力的内涵与构成

从 20 世纪 50 年代以来，高校教师教学能力研究进入人们的视野，引起人们的广泛关注。关于高校教师教学能力的理论和实践研究文献颇多。根据研究需要，这里对高校、教师、能力和教学能力的概念和结构相关研究进行梳理，并以此为依据界定高校教师教学能力的概念、特征和构成。

（一）高校教师教学能力的内涵

1. 高校

《辞海》将高校定义为高等学校的简称，包括大学、专门学院、高等职业技术学院、高等专科学校。从分类上来看，高校亦可分为普通高等学校和成人高等学校。从教育部公布的全国高校名单来看，在 2020 年底，普通高等学校 2560 所（含独立学院 275 所），成人高等学校 292 所。普通高校中本科院校 1219 所，高职（专科）院校 1341 所。基于普通高等学校与成人高等学校在培养目标、教学组织形式、教学方法等诸多方面存在着一定的差异性，对教师教学能力的要求也各有不同，为使研究结论更具有针对性、适用性，本研究的范围界定在普通高等学校之内，即是指以通过国家规定的专门入学考试的高级中学毕业学生为主要培养对象的全日制大学、独立设置的学院和高等专科学校、高等职业学校。

2. 教师

《中国大百科全书教育卷》对教师做出了这样的界定：教师是向受教育者传递人类积累

的文化科学知识和进行思想品德教育,把他们培养成一定社会需要的人才的专业人员。

关于青年的界定问题,目前,国际组织和我国都还没有完全统一的标准。"青年"一词的含义在不同的时代和社会中的界定是不一样的,它随着社会经济和社会文化环境的变化而变化。我国有关部门的界定也不相同:国家统计局的界定是 15～34 岁为青年人口(人口普查),共青团的界定是 14～28 岁为青年人口(《团章》),《青联章程》的相关界定是 18～40 岁为青年人口。

根据我国的国情,目前硕士、博士毕业后进入高校系统的青年大概为 25～29 岁左右,同时考虑到研究选取的样本高校对教师的界定,本研究结合国家统计局 15～34 岁为青年人口的划分,将高校教师界定为 35 岁以下(包括 35 岁),进入高校系统从事教学科研的一线任课教师。这一人群共同优势是学历层次高,专业基础知识较扎实,科研能力强,计算机水平和外语水平较高,思想活跃,敢于尝试,具备从事教师教学工作的能力和基础,但也存在着一些不足之处。

3. 教学能力

能力这一概念从心理学角度来讲,是"顺利实现某种活动的个性心理特征"。能力总是和人完成一定的活动联系在一起,离开了具体活动既不能表现人的能力,也不能发展人的能力。能力是主体对于所完成的任务的作用,即由主体完成任务的意愿、意志、方式、方法和知识、认识等因素构成的一种推动任务活动向其预期目标转化的力量。主体对任务的认识、主体从事任务活动的方式以及主体认识任务和从事任务活动的态度等构成了能力的基本要素。

教学能力是人们经常使用、比较熟悉的一个词,但对其所给的定义却不尽一致。一般意义上说,教学能力即是教师完成教育教学任务的能力,简言之就是"传道授业解惑的能力"。《教育大辞典》对教学能力是这样定义的:"教学能力是教师为达到教学目标,顺利从事教学活动所表现出来的一种心理特征,由一般能力和特殊能力组成。"教学能力作为教师教学专长的核心部分,直接影响课堂教学的有效性以及学生对知识技能的掌握和能力的发展,也是体现教师地位和作用的核心因素,教师教学能力的提升是高校教师专业化发展的核心,教学专长的发展是高校教师专业化发展的关键。

高校教师是一个专业性很强的工作,其学科的高深性和复杂性决定了教学能力是一个立体多维的结构。综合不同学者对教学能力的看法,本研究认为高校教师教学能力是教师在教学的整个过程中为了完成教学任务、达到教学目标、实现教学效果所表现出来的一种带有个人因素的心理特征。这种心理特征通过高校教师具体的教学行为来表现,是由教师个人的智力和智慧以及从事高校教学工作所需的知识、技能建构而成的一种职业素质。从教育学的角度来讲,依据教学过程不同阶段,结合高校教师的特殊性,高校教师教学能力主要包含知识管理能力、教学组织能力、教学监控能力和教学反思能力。

(二)高校教师教学能力的构成

根据系统论的观点,任何一种事物都是一个系统,都是以系统的形式存在着和发展着,离开系统的物质是不存在的。同样,教师教学能力也不是一个简单的概念,而是有着丰富的内涵,它是由诸多要素构成的,这些要素不是离散的能力集合。

1.知识管理能力:教师教学能力的前提

教师知识管理是运用知识管理的理论与技术,并辅以信息技术,对教师的隐性知识与显性知识进行管理的过程。在此过程中,教师的知识得以共享和创新,这有利于整个教师专业化的进程。从这个定义出发,可以从四个角度理解教师知识管理能力:①研究对象:在教学活动中知识的获取创造;②技术支持:信息技术;③传播与转化:教师的知识管理不仅强调知识的获取,更重要的是向学生传播;④分享与创新:通过知识的分享促进教师教学能力的提升,提高教学质量。知识管理能力包括知识获取、知识共享、知识创新和知识应用这几个阶段。

知识的获取是教师进行知识管理的起点,教师对自己知识结构进行梳理并根据教学实际形成知识需求,通过各种渠道和方式,充分利用内外部资源获取多元化知识。知识只有通过共享才能发挥最大的价值,共享知识是知识管理中非常重要的环节,教师将自身拥有的隐性知识通过各种交流方式(如网络、沙龙、研讨会等)为组织中其他教师所共同分享,促进学校组织内部知识的流通与更新。通过在知识追求过程中寻找新发现、探索新规律、积累新知识,达到增加知识价值的目的。知识的应用是指在对知识的管理中,教师不仅要学习知识,还要将获得的知识运用到教育教学实践中,在课堂教学中不断补充、修改知识。作为一名专业的教师,应该具备普通文化知识、学科专业知识和教育学科知识三大方面的知识,这些知识的掌握和运用程度是衡量教师专业化水平的最重要标志。所以说,知识管理能力是教师教学能力的前提。

2.教学组织能力:教师教学能力的基础

教学组织能力是教师教学能力的重要组成部分,教师能否把课堂教学组织好,直接影响着教学计划能否按部就班地完成,教学质量能否得到保证。教学组织能力不是一种抽象的概念,而是由多个具体因素组成。教学内容的组织能力是按照一定的教学大纲的要求、教材的特点以及学生的实际情况,确定具体教学内容的安排和准备教学活动所需要的其他材料。教学活动的组织能力主要指科学规划、有效地组织学生开展各种教学活动,充分调动每个学生的积极性,让学生能够主动热情地参与到教学活动中。教师语言的组织能力主要指教师的表达能力,通过口头、动作或书面文字将教师的隐性语言显性化,使学生能够更好地接受。教师的语言表达水平标志着教师的思维水平,是影响学生学习的重要因素。因此,我们认为教学组织能力是教师教学能力的基础。

3.教学监控能力:教师教学能力的核心

教学监控能力是指为了保证教师教学质量,达到教学目标,在教学的全过程中,不断地对其进行检查、评价、控制和调节的能力。教学监控能力主要可分为三个方面：一是对教学活动进行计划和安排；二是对教学活动进行监察和评价；三是对教学活动进行调节和控制。教学监控力是教学活动的核心成分，教师对教学活动的计划与实施、学生注意力的调动、反馈与调节、反省与评价以及自我情感和教姿教态的调控，始终贯穿于课堂教学的全过程，教师教学监控力的高低将直接影响教师课堂教学能力及其发展水平，大量的研究证实了这一点。由此可见，教学监控能力是高校教师教学能力的核心。

4. 教学研究能力：教师教学能力的关键

教学研究能力是指教师运用一定的教学理论和教学方法，在教学实践中探究教学真相、性质以及规律的能力，目的是为了解决教师在教学实践中所遇到的问题。教学研究能力是教师教学能力的关键。教学研究能力主要包括创造能力、洞察学科发展能力、撰写论文以及了解学生能力。教师的创造能力是指教师利用已有的知识、信息和经验，产生有别于他人的独特的、有更好教学效果的教学能力。洞察学科发展能力是指教师能够在对所教学科高度把握的基础上理清学科发展脉络，紧跟学科发展前沿知识的能力。在实际教学中，只有具备洞察学科发展能力，才能将最前沿的学科知识充实到教学课堂中，使教学内容与时俱进。撰写论文能力是指教师具备一定的写作能力，可以将自己的研究成果以论文的形式展示出来。在教学研究中必须遵循学生的发展规律因材施教，这就要求教师必须了解学生，只有具备了解学生的能力，才能更好地了解学生的需求，从根本上提高教学质量。

5. 教学反思能力：教师教学能力的保障

反思是教师以自己的教学活动为思考对象，对自己所作出的行为决策以及由此所产生的结果进行审视和分析的过程，是一种通过提高参与者的自我考察水平来促进能力发展的途径。教学反思已经成为国际教师教育的主流研究范式和校本教研的重要手段，是教师教学能力自我提高的重要途径，通过对教学理念、教学过程、整个教学实践过程的反思，获得实践性知识，构建教学互动模式。教学反思需要考虑到其广度和深度，广度上主要包括对课堂教学（教学内容、教学方法和策略、教学效果、教学改革等）、学生发展（成绩、兴趣、能力、学习方法、心理和人格、师生关系等）和教师发展（专业知识、专业能力、人格魅力、教学提升等）的反思。深度上主要包括从行为到分析行为背后的原因，到从站在社会意识形态上审视，从技术上升到理论分析，从思考到行动研究的实践，教学反思是一个自发性的逐步发展的过程。教学案例、叙事研究和行动研究是依赖于教学反思作为其主要介入手段的教育研究方法，并被认为是教师专业发展的有效途径。

总之，教师教学能力不是一个简单的概念，它有着丰富的内涵，它是由诸多要素构成的，这些要素不是简单的堆砌，而是相互联系的有机结合，即知识管理能力是前提，教学组织能力是基础，教学监控能力是核心，教学研究能力是关键，教学反思能力是保障。

第三节　高校教师教学能力发展的理论基础

一、终身教育理论

人们要真正学会学习,在任何学习过程中,不能将重点放在局限、刻板的内容上,必须着眼于理解的能力,吸收和分析的能力,把学得的知识加以条理化的能力,应付自如地处理抽象与具体之间关系和一般与特殊之间关系的能力,把知和行联系起来,以及协调专业训练与学识广博的能力。

终身教育的原则是要保证教育的连续性以防止知识过时;使教育计划和方法适应每个社会的具体要求和创新目标;在各个教育阶段都要努力培养新人,使之能适应充满进步变化和改革的生活;大规模地调动和利用各种训练手段和信息;在各种形式的行动和教育目标之间建立密切的联系。

在终身教育的体制中,必须改变教师的作用。教师作为知识的传递者所发挥的作用的重要性和影响力都将消失,因为很大程度上技术媒介发挥了知识传递的作用,然而这必然会加强教育者的作用。学生是一个有自己个性、具有社会学意义的人。教师必须有彻底的理论储备和实践经验,包括普通心理学和智力等方面的内容,只有这样,才能完成终身教育时代的任务要求。

每个教师,都有自己的价值观念体系和衡量事物的标准。教师既要具有良心又要具备能力,良心一方面是理智上承担或对事物状况的认识,对教育过程的认识,另一方面是道德上承担或对于由不同方式行为所产生全部后果的责任承担。但能力也是必需的,必须要明确认识所要达到的目的,传递信息的方式,哪些对人性是好的,哪些是坏的,哪些是有益的,哪些是有害的。

因此,高校教师教学能力发展必须坚持终身教育的理念,教师要具有学习能力,要教会学生"学会学习",培养学生更好地适应社会发展。

二、教师专业化发展理论

当前,国内外有比较丰富的教师专业发展理论,可以用以借鉴作为教师教学能力发展的理论基础。

(一)教师专业发展阶段论

国外对教师专业发展的阶段有比较多的研究。包括福勒(Fuller)、凯兹(Katz)、伯顿(Burden)、休伯曼(Huberman)等。福勒提出教学关注理论,福勒认为师范生成长为专业化教师分为四个阶段:任教前关注阶段、早期生存关注阶段、教学情景关注阶段、学生关注阶段。凯兹将教师发展分为四个阶段,包括生存阶段、巩固阶段、更新阶段、成熟阶段。伯顿的教师生涯发展论指出,教师专业发展包括生存阶段、适应阶段、成熟阶段。费斯勒提出教师生涯论,把教师专业发展划分为职前教育阶段、入门阶段、能力建立阶段、热心和成长阶段、生涯挫折阶段、稳定和停滞阶段、更新生涯阶段、退出生涯阶段。休伯曼将职业生涯规划归为入职期、稳定期、实验和重估期、平等和保守期、退出教职期。

(二)教师效能感(能力的信念)理论

教师的信念研究主要是20世纪90年代逐渐成熟起来的。研究者开始从教师教与学的本体论转向对教师个体意义的建构研究。我们主要将教师能力信念的理论作为教学能力发展的理论基础。教师能力的信念又称为教师效能感,包括教师教学效能感和集体效能感。教师教学效能感来自心理学家班杜拉的自我效能理论。班杜拉认为人的动机受自我效能感的影响,是指人对自己能否成功进行某种成就行为的主观推测和判断,它包括结果预期、效能预期。教师教学效能感与教师管理学生和课堂教学信念有关,教师的教学效能感是"环境—主体—行为"相互作用的结果。

(三)教师专业发展中的关系理论

在高校教师专业发展实践中,人们通常更加重视教师学术水平和教学技能,强调了教师的理性发展,却往往忽视对教师的非理性、个性化、多元性的关注。然而事实上,应当更多地关注教师的非理性与多元化发展。正如奥斯本(Osborn)所指,"有效的教学和学习必然是感情性的,师生之间人际关系的质量对学习过程具有非常重要的影响。"诺丁斯提出关系理论,认为关心是一种关系,是以关心为中心,而不是以人为中心。在教育的过程中要关注学生成长的方方面面,增加对学生精神发展的关注,来促进学生成长。这也就意味着,要专注教师在专业发展中的情感因素,培养与学生之间融洽、和谐的关系。特别是,教学是发生在教师与学生之间的一种交互行为,教师的情感直接影响教学效能,教师情绪不佳会影响教师对教学付出的精力,影响教师对职业的投入程度,影响教师的专业发展。

在教师专业发展的关系理论中,除了教师情感之外,还要特别关注教师合作,教师的专业合作在教育改革中起着关键的作用。符号互动论指出,社会是一个沟通系统和人际关系系统,在教育中,有意义的学习必须是与他人互动的,教学更是如此,教学需要教师与学生之间的充分互动,是教师与学生不断交往、合作和交流的互动过程,是教师借助语言等手段,自己习得社会规范、学校文化和教师文化等有意义的符号,然后形成自己的价值观念、信念、行为规范和行为模式;同时,可以使学生能够习得社会规范、学校文化及知识技能等。彼得圣吉提出了学习型组织理论,该理论强调系统思考、自我超越、心智模式、共同愿景、团队学习五项核心内容。教师在专业发展的过程中要不断学习,相互学习,相互合作,来确保学校作为学习型组织的生命力。

(四)基于实践的教师专业发展理论

基于实践的教师专业发展理论是由保尔(Ball)和科恩(Cohen)提出的,他们将教学定义为必须通过实践来学习的专业。离开大量专业话语的习得以及实践群体参与,是不可能充分发展专业教育的。他们对专业教育提出基本要求,包括如何更好地实践是专业教育的基础;实践学习包括知识、技能和个人态度;需要利用成熟的可检验的专业分析工具来引导探究如何教教师。他们认为必须要发展一种更实用的实践语言,教师必须要通晓以复杂性和现实性为中心的教学理念。

斯蒂芬法尔借鉴保尔和科恩的理论,将教学视为一种领导力,力图选择、发展和培训课堂的领导者,将"实践理念"融入教师教育的内容和教学法中。教师的教学能力主要是在实践过程中进行能力迁移。

1. 能力迁移

布鲁纳指出迁移可以分为两类:一类是特殊迁移,这是习惯和联想的延伸,主要是动作技能、机械学习的迁移;另一类是非特殊迁移,即原理和态度的迁移。

技能迁移叫作具体迁移(specific transfer),也叫作特殊迁移,指一种将学习中习得的具体的、特殊的经验直接迁移到另一种学习中去,或经过某种要素的重新组合迁移到新情境中。如乒乓球运动学习中,推挡动作的学习可以直接迁移到左推右攻这种组合的动作学习中去。

关于新手解决问题,无论是象棋大师还是物理学家,在解决问题的时候都表现出积极的迁移——在一个新的问题情境中利用已有的信息解决问题。他们在解决新问题时的共同特点是:把新问题规划为某一特定的问题类型;在头脑中形成有关问题的直观表征;利用自己熟知的解决问题的路线解决;他们用问题图示来解决问题,一旦发现对新问题形成的表征与他们长时记忆中的问题图示相符,问题便迎刃而解。

动作技能目标指出,动作技能有知觉、模仿、操作、准确、连贯和习惯化6种。知觉指学生通过感官,对动作、物体、性质或关系等的意识能力,以及进行心理、躯体和情绪等的预备调节能力;模仿指学生按照提示要求行动或重复被显示的动作的能力,但学生模仿性行为经常是缺乏控制的;操作指学生按提示要求行动的能力,但不是模仿性的观察(按照指示表演或练习动作等);准确指学生的练习能力或全面完成复杂作业的能力。学生通过练习,可以把错误减少到最低限度(如有控制地、正确地、准确地再现某些动作);连贯指学生按规定顺序和协调要求,去调整行为、动作等的能力;习惯化指学生自发或自觉地行动的能力,经常性的、自然和稳定的行为就是习惯化的行为,也就是学生能下意识地、有效率地进行各部分协调一致的操作。

技能的学习是通过学习或练习,建立合乎法则的活动方式的过程,有心智学习与操作技能学习两种。技能的学习比知识的学习更为复杂,不仅包括对活动的认识问题,还包括活动或动作的实际执行问题。不仅要知道做什么、怎么做,同时还要能够实际做出动作。技能学习最终要解决会不会做的问题。

2. 练习

操作技能是通过操作定义、模仿、整合和熟练四个阶段的学习形成的。大量的实验证明，通过不同形式的练习，个体可以掌握技能。过度练习（over learning）对于操作技能学习来说是必要的。过度学习指过度练习或过度训练，即实际练习时间超过达到某一操作标准所需的练习时间。过度练习并非越过量越好，太过量的练习会使个体产生疲劳、兴趣消失、错误动作定型化等。过度练习要采用正确的练习方式。集中练习和分散练习。对于一个连贯的任务来说，分散练习优于集中练习；对于一个不连贯的任务来说，集中练习优于分散练习。

（五）教师专业的学习理论

1. 双环学习理论

在培养教师专业发展的过程中，要提高教师的学习能力。组织学习主要是为了改善知识技能，将所得知识有效分享、转移、应用，以此来提升组织解决问题的能力。可以这样理解，组织主要是通过个人的学习行为开展学习的。凡是组织都是由许多人构成的，组织学习是以组织成员的个别学习经验为基础，通过组织学习将个人的经验与行动进行整合。组织学习是成员透过错误检测与校正，使组织适应环境变迁，并增进效能的过程。那么，重要的不仅是我们意识到要加强学习的问题，而是要知道如何学习。

从教师教育发展现实看，学校教育中一直存在着组织防卫的现象。对于教师参与决策的行动来说，尽管校长信奉理论是鼓励和支持教师参与决策，但是当教师参与学校领导决策时，会被认为质问管理层采取某种立场的推理过程等同于质疑管理层的特权，特别是当每个人的意见不一致而又都坚持己见时，学校领导很可能不理会教师的决策意见，为了防止错误升级，甚至忽略教师的意见。另一方面，教师会由于校长职位的特点，而很少提出重要的意见。因此，教师的决策通常对学校领导和学校改革不起多大的作用。在学校改进中，采取双环学习的方法，通过沟通、反思和对话避免组织防卫，从而可以提升教师的学习和决策能力。

2. 反馈

反馈在操作技能学习过程中的作用非常关键，技能学习的反馈一是来自自己内部的反馈，即操作者自身的感觉系统提供的感觉反馈；二是外部反馈，即操作者自身以外的人给予的反馈。大学生本人在技能学习的过程中总结经验，定期向自己反馈信息，完善自己的知识结构。同时，大学生可以采用360°反馈评价法，让同学、教师对其技能学习情况进行评价，完善其技能。

三、高校教师教学能力发展研究框架

教师教学能力发展就是通过各种手段提升教师教学能力。教师首先应该具备知识分子所应该具备的一般因素，比如包括感觉、知觉、正规学历水平、身体健康等；接着是第二层次的大因素群。教师教学能力包括知识和技能两个大因素群,教师教学方面的知识包括教学理论、教育学原理等陈述性的知识,但还有一些教学理念、教学价值观等属于隐性知识,是由教师通过反思提炼出来,融入头脑和思想中的。知识的大因素群又分为教学认知与理解、言语与逻辑两个小因素群。教学认知与理解小因素群包括教学目标、教学理解、教学态度、敬业精神等。在教师教学能力中,态度非常关键,要热爱教学,具有较强的敬业精神、端正的教学态度,有明确的教学目标,围绕教学目标开展教学。除此之外,教师的言语与逻辑能力是教学的重要部分,教师要具有阅读与写作能力,能够与学生流畅地交谈,具有良好的逻辑思维,能够很好地进行逻辑思考。

第二层次大因素群的另一个要素就是操作与技能,这个要素又下分为行为与控制、关系与结果两个小因素群。行为与控制在教师教学能力方面尤为重要,它主要包括教学设计、内容表达、自主学习、课堂控制四个特殊因素群。教学设计是指教师根据教学的大纲以及教学的内容,设计教学方案、教学过程,设计多样的教学环节,来提高学生们的关注度和学习效果。内容表达是体现教师的教学语言技能、板书技能、讲评技能和演示技能等,通过形体语言、面部表达、书面表达、语言表达等各种方式,将教学内容清晰、完整地向学生们进行表达。在教学过程中,教师必须要具备较强的学习能力,能够通过各种媒介渠道学习教学理论,开拓教学视野,与同行教师相互学习。在行为与控制中,教师的课堂控制能力还不够丰富,必须要具备课堂控制能力,才能够很好地将学生引入自己设计的教学情境中来,师生共同学习,共同成长。同时,教师要具备很好的课堂控制能力,面对突发的情况,能够随机应变,处理好课堂问题。关系与结果的小因素群,包括师生关系、教学评价、反思重构的特殊因素群。师生关系是教师教学能力的一个重要方面,教师的教学经验还比较少,对教学职业还没有充分的认识,对个人定位通常还不够准确,因而与大学生之间的关系还存在比较模糊的印象,是形成一个师长的形象,还是建立一种朋友的关系,这对于高校教师教学而言非常重要。当前,高校教师通常是教完课就离开学校,与学生之间缺少更多的时间、更多的机会交流,没有建立起一种亲密的师生关系,这对于教学来说是有缺陷的。高校教师应当具备处理好师生关系的能力,这是教学能力的重要组成部分。教学评价能力对于高校教师教学能力发展来说非常重要,教师需要通过自评、互评,通过形成性评价、总结性评价对近期或者一段时期的教学过程、教学效果进行客观的分析,提炼出教学存在的问题,特别是能够详细地记录相关的数据,为教学效果改进做准备。除此之外,教师要具备反思重构能力,在客观的评价数据基础上,要具有反思和重构的能力,认真分析自身存在的能力缺陷以及教学设计、内容、效果等存在的问题,最后在反思的基础上,提升教学能力、对教学实践进行重构。

第二章 高校教师教学能力的地位与作用

第一节 高校教师及教学的地位与作用

教师是人类文明的传播者和建设者,是人类灵魂的工程师。在我国社会主义精神文明和物质文明建设中,教师担负着重要职责,起着十分重要的作用。教师是办好高等教育的主体,是发展我国高等教育事业的关键力量。教学是高等教育人才培养的主要手段,教师教学能力是高等教育人才培育质量的重要保障。因此,在一定意义上说,没有教师就没有教育,没有教学就没有人才培养质量,高校也就不能健康发展。

一、高校教师的地位

"国将兴,必重师而贵傅""百年大计,教育为本。教育大计,教师为本",这是千百年来人们对教师重要性的高度概括与认识。所以,要充分认识教师在教育教学中至关重要的主导作用,教师队伍建设的首要目标应体现在提高教师地位上。

(一)教师地位判断标准

教师的社会地位是指教师职业在整个社会职业体系中所处的位置。它事关教师队伍的稳定、教师素质的提高、教学质量的好坏和人才培养质量的高低等一系列重要教育问题的解决,因此教师的社会地位历来广受瞩目。

联合国教科文组织通过的《关于教师地位的建议》中规定:"这里使用的有关教师'地位'这个词,指的是给予其地位和关怀,这种地位或关怀可以从对其职责重要性及其完成职责能力评价的高度中看出来,也可以从与从事其他职业的人们相比较时,给予其工作条件、报酬和别的物资利益中看出来。"这里实际上提出了三个标准:①对教师重要性的评价;②对教师能力的评价;③教师的工作条件、收入状况及物质待遇。日本筑波大学出版的《现代教育学基础》中谈到了教员的社会地位,其标准一是"教师为献身社会而'廉、正'地生活",二是教师收入方面的待遇,三是教师参与教育、培训的程度,第四是教师的形象。

由此看来,一门职业的社会地位是由多种因素相互作用形成的,但主要由四个部分的作用组成:思想、认识和观念方面地位,政治、社会与经济方面地位,专业化发展地位,职业声望方面地位。这四个组成部分已成为教师的社会地位高低的主要标准,下面就从高校教师的这四个方面来分析其社会地位。

（二）在思想、认识和观念方面

在我国社会主义现代化进程中，国家把教育作为经济建设的战略重点，被摆在优先发展的战略地位。党的十九大报告提出："教育是发展科学技术和培养人才的基础，在现代化建设中具有先导性全局性作用，必须摆在优先发展的战略地位。"

思想观念的转变，为确立我国教师的地位和作用奠定了社会基础。随着时代的发展，人们逐渐认识到，尊师重教是一个国家和一个民族文明的重要标志。古今中外，国家和民族的兴衰成败，无不取决于国家教育事业的发展。从现实世界发展情况来看，各国之间的竞争，也主要是人才的竞争，而人才的竞争，归根结底是教育竞争。对学校自身而言，一所学校能不能在竞争日益激烈的环境中生存，能不能为我国社会主义现代化建设培养出德智体全面发展、有社会主义觉悟、有文化的劳动者，一定取决于教师，取决于教师教育教学质量。

教师的工作平凡而伟大，正是由于教师的工作，才使人类的知识得以代代相传，使人类在对客观世界和主观世界的认识不断发展、不断创新、不断深化的过程中得以永恒延续。古人云：一年之计，莫于树谷；十年之计，莫于树木；百年之计，莫于树人。重视谷物种植，当年就有收成；重视树木种植，十年才见成效；而重视人的培养和教育更难，它不能急功近利，而需要远见卓识，需要战略眼光，也需要教师艰苦卓绝地工作。

教师的劳动意义、社会地位、育人作用，在我国已形成了一定气候。尊重知识、尊重人才、爱护人才的风尚在社会上正逐步形成。"知识就是财富""科学技术是第一生产力""教师是提高科学技术第一生产力的生产者和创造者""教师工作是学校工作中的重中之重"等科学观点已广为人们所接受。思想认识观点的改变，为确立我国教师的政治、社会、经济应有地位和作用奠定了社会基础，也为形成我国尊师重教的社会风尚起到了不可估量的导向作用。

（三）政治、社会、经济方面

1. 不断完善的法律制度，为我国教师的政治与社会地位提升提供了法律依据

随着国家愈来愈认识到教育的重要性，教师的地位和作用得到了充分体现，党中央和各级地方政府都给予了高度重视。尤其是改革开放以来，党中央、国务院很重视教育工作，一再强调教育在社会主义现代化建设中的重要作用。并明确指出：发展生产力，开展社会主义物质文明建设和精神文明建设，其关键是提高人的素质、培养高质量人才、大力发展教育事业、尊重教师和加强师资队伍建设。

为了促进教育事业的发展，在全社会形成尊师重教的风尚，党和国家还采取了一系列措施，发布了中共中央《关于教育体制改革的决定》，颁布了《中华人民共和国职业教育法》《中华人民共和国高等教育法》等，从法律等相关方面对教师的政治地位和社会地位予以保障。国家在改善教师工作、学习和生活条件等方面也做了许多工作。1985年设立了"教师节"，引导和号召全社会都来尊师重教；1993年10月第八届全国人民代表大会常务委员会会议审

议通过了《中华人民共和国教师法》,以法律的形式保障教师应有的权利和待遇。同年,国家还把教师纳入享受政府特殊津贴的选拔范围。各级政府还选举教师当人大代表、参政议政,公开表彰、奖励优秀教师,以及从教师中选拔人才进入各级政府的领导班子等。这些都有力地提高了教师的社会影响和政治地位,更是对教师工作积极性的极大鼓舞。

《中华人民共和国教师法》中规定:"教师是履行教育教学职责的专业人员,承担教书育人,培养社会主义事业建设者和接班人,提高民族素质的使命""各级人民政府应当采取措施,加强教师的思想政治教育和业务培训,改善教师的工作条件和生活条件,保障教师的合法权益,提高教师的社会地位",并指出"全社会都应当尊重教师"。20世纪末,中共中央国务院颁发的《中国教育改革和发展纲要》指出:"要下决心,采取重大政策和措施,提高教师的社会地位,大力改善教师的工作、学习和生活条件,努力使教师成为最受人尊重的职业。教师是人类灵魂工程师,是工人阶级的一部分,是教书育人,促进学生在品德、智力、体质等方面全面发展的教育工作者。"

总之,党和国家不断完善法律制度,为我国教师的政治与社会地位提升提供法律依据。在各级党委、政府的重视和社会各界的关心支持下,我国教育的发展进入了一个新的历史时期,我国教师的地位和作用也随同教育一道得到了进一步的明确和提高。

2. 现行的制度措施,促进了教师经济地位的提升

教师的经济地位一般是通过教师的工资收入及其福利待遇与其他职业相比较而确定的。教师的经济地位是其社会地位的基础和直接表现,是决定教师职业是否有吸引力,能否吸引到高素质人才,保障教师队伍稳定性,从而保证和提高教育质量的一个关键性因素。

从世界范围内看,多数发达国家和一些发展中国家都非常重视提高本国教师的经济地位,通过给教师以优厚的工资待遇和诸如带薪假期、退休金、医疗保险、住房补贴等福利,使教师的生活保持在中等以上的水平,以形成一支稳定的、高质量的师资队伍,满足教育事业发展的需要。

现在,国家一再要求教师的平均工资水平不低于或者高于国家公务员的平均工资水平,并逐步提高,教师的医疗要同当地国家公务员享受同等待遇。同时,国家教育部为了加强师资队伍建设,依法确立教师的地位,充分发挥教师的积极作用,对骨干教师采取了有效的激励政策。譬如,国家教育部制定了《教师和教育工作者奖励暂行规定》,对那些长期从事教育、教学、管理和服务工作,并取得显著成绩的教师和教育工作者,分别授予"全国优秀教师""全国优秀教育工作者"的称号,颁发相应的奖章和证书;对其中有突出贡献者授予"全国教育系统劳动模范""人民教师""国务院特殊津贴享受者"的称号,颁发奖章、证书。"全国优秀教师""全国优秀教育工作者"每两年评选一次,给予物质奖励,享受一次性奖金。"全国教育系统劳动模范"按10%的比例在"全国优秀教师""全国优秀教育工作者"中评出,享受省部级劳动模范的待遇,并作为考核、晋升工资、评聘专业技术职务的重要依据。

目前,各高校已改变了单纯依靠财政拨款的观念,逐步形成了以财政拨款为主、多渠道筹措教育经费的投资体制。一是实行学生缴费上学,增加学校经费投入。二是积极进行科技开发与服务,创办科技产业,扩大自筹经费来源。三是实行社会集资。四是争取个人捐资。五是吸引民营资本投资高等教育。同时,各高校还制订了相应的政策和办法,创造条件大胆使用、热心扶植、积极吸引优秀教师人才。还设立了教师奖励基金,制定各种专项津贴制度,提高教师的收入,积极争取政策,解决教师的住房问题,等等。

(四)教师职业化、专业化方面

教师职业发展已成为国际教师教育改革值得重视的动向,反映了当代教育的重要规律。正是在教师专业化发展的进程中,教师在教育实践中的主体地位和主体作用得到确认,教师的工作作为重要的专业和职业得到确认,教师发展的意义和可能也就得到确认。

1.教师职业的专业化

关于教师的专业地位问题,实质上探讨的就是教师这项职业的专业性问题。所谓"专业",是"专门职业"的简称,它是相对"普通职业"而言的。专业是在社会分工、职业分化过程中逐步形成的一类特殊的职业,是人类认识自然和社会达到一定深度的表现。人们对教师的专业化的认识并不是一蹴而就的,也是经历了一个较长的认识过程。美国和日本的一些学者从专业的一般标准出发,以教师职业自身特点为基础,通过与医生、律师等较成熟的专业进行比较后发现,教师职业离专业的标准还有相当的距离,它的专业成熟程度还不高,应归为"准专业"或"半专业",其专业成熟程度与护士、社会工作者的水平相当。这同时也说明教师职业的专业性质已不是"有""无"的问题,而是专业化程度高低的问题。在世界范围内促成"教师是一种专业"的认识,得益于国际劳工组织和联合国教科文组织共同发布的《关于教师地位之建议书》。该建议书明确提出:"教育工作应被视为专门职业(Profession)。这种职业是一种要求教员具备经过严格而持续不断的研究才能获得并维持专业知识及专门技能的公共业务;它要求对所辖学生的教育和福利具有个人的及共同的责任。"

教师专业化是指教师在整个职业生涯中,通过专门训练和终身学习,逐步习得教育专业的知识与技能并在教育专业实践中不断提高自身的从教素质,从而成为教育专业工作者的专业成长过程。它包含双层意义:既指教师个体通过职前培养,从一名新手逐渐成长为具备专业知识、专业技能和专业态度的成熟教师及其可持续的专业发展过程,也指教师职业整体从非专业职业、准专业职业向专业性质进步的过程。著名社会学者韦伯提出,"专门职业"应包括以下10个方面的内容:①为社会能提供不可缺少的服务;②具有专业服务的权力;③接受长时间的训练和入职培训;④具备一系列专门的"圈内知识";⑤有专业自主权;⑥有对从事职业成员约束力的社团组织;⑦确立了一套专业守则;⑧获得社会和当事人的信任;⑨享有相当的社会地位和报酬;⑩不断接受在职培训和从事科研活动。

2.教师职业化发展,确定了我国教师的专业地位

随着对教师职业认识的深入和教师在社会进步中作用的发挥,教师专业化发展已成为

教师教育改革的趋势,受到国家的重视。我国将教师职业确认为专门的职业,是教书育人为职责的专业人员。

只要是教师,就是专业化的工作人员,必须发展职业的专业性,以胜任学校中的教育教学工作。高校教师没有任何理由超越于教师职业的要求,将自己放在教师队伍之外去寻求发展。高校教师职业专业化发展,在有效确立教师专业地位的同时,也是教师教育改革的一个重要取向,也必将成为教师教育实践的主流话语。

(五)教师职业声望、社会认可度方面

教师的职业声望是指人们对教师职业的社会评价,进一步讲是指"他人和社会对教师职业的有利评价和承认,如公众的认可和称道、尊敬和钦佩、荣誉和敬意等。""专业化"与职业社会地位存在着十分密切的关系,专业自身的成熟度是教师专业得到社会认可、提高职业声望的基础。

在现代社会,教师的职业声望通常具有两个比较突出的特点:一是教师的职业声望通常都具有中上的地位,高于他们的经济地位;二是教师的职业声望具有逐渐提高的趋势。在我国,由于素有尊师的传统,更源于新中国的教师有着为祖国、为人民、为下一代甘当"蜡烛"、甘当"人梯",以及辛勤耕耘、无私奉献的精神,因此,教师一向被社会公认为最佳形象,享有较高的职业声望。

然而,值得注意的是,教师职业声望与教师实际的社会地位有相关性,但二者之间并无直接的对应关系。而且,教师职业声望高,往往"只能反映一般人对于传统价值观念的向往与怀念,并不能用以说明或预测社会的实际行为"。特别是当教师的经济待遇及其他权益得不到有效保障时,教师职业的高声望与人们实际的低选择就易形成明显的反差,这是今后应注意防范的问题。

二、高校教师的重要作用

《面向 21 世纪教育振兴行动计划》指出:"振兴民族的希望在教育,振兴教育的希望在教师,建设一支具有良好政治业务素质、结构合理、相对稳定的师资队伍,是教育改革和发展的根本大计。""国运兴衰,系于教育;教育成败,系于教师"。这是人们对教师作用的重要认识。高校教师是学校的重要教学资源,是办好高校的主体力量,是振兴我国高等教育的希望所在。

(一)在教书育人方面的作用

既教书又育人,是高校教师的崇高职责,也是我国全面建设小康社会时期,高校教师所必须承担的重要任务。教师的一言一行、一举一动,都对学生起着潜移默化的作用。由于广大教师同青年学生交流广、接触多、距离小,因此,高校教师不仅只是对学生传授科学文化知识,而且在关心他们的思想和政治上的进步,培养他们树立正确的世界观和人生观等育人工

作方面,起着专职政工干部常常起不到的作用。所以,国家要求高校积极鼓励和促进教师教书育人,进一步发挥教师在教书育人工作中的作用。同时,还进一步强调要发挥教师在参与学校管理和改革工作中的积极性。

《面向 21 世纪教育振兴行动计划》指出:教育的改革和发展对教师提出了新的更高的要求。教师是人类灵魂工程师,必须努力提高自己的思想政治素质和业务水平。教师要热爱教育事业、教书育人、为人师表。教师要精心组织教学,积极参加教育改革,不断提高教学质量。为此,许多高校为积极贯彻落实《计划》精神,采取了各种措施。比如,对教师的育人工作进行考核,并把考核结果与教师的工作业绩、岗位津贴、专业技术职务的晋升密切挂钩;规定教师必须兼任一定时期的学生班主任(辅导员)工作,并采取各种办法提高教师的思想政治素质和业务水平,促使教师热爱教育事业、教书育人、为人师表。

(二)在教学工作方面的作用

教学质量的高低取决于教师教学能力,高水平的教学会促进学生的有效学习和教学质量的提高。虽然大学生是学习活动的主体,学习效果的取得需要其积极主动地投入,但是大学生主动性的发挥以及创造性的发展都需要发挥教师的主导作用才能实现。

在教学过程中,教师的主导地位主要表现在:教师的教决定着学生学习的方向、内容、进程、结果和质量,对学生的学习起着引导、规范、评价和纠正的作用。同时,教师的教还影响着学生学习的方式、方法以及学习的积极性、主动性的发挥,影响着学生的个性品质以及世界观、人生观、价值观的形成。高校的教学活动,从教学内容的选择、教材编写到课堂讲授、实验、实习、毕业论文及毕业设计的指导等每个环节,教师被赋予了较大的教学自主权。在教学准备阶段,教师选取合适的教材和教学资料、制定教学大纲、采用适合学生的学习和成长需要的教学方法手段和教学模式等都决定了教学质量的好与坏。而在教学实施阶段,按现代教学理论的观点,教学是整体过程,其构成因素:教师、学生、教材、环境等是相互作用的有机整体,教学的实施过程实质是在教学方法选择的基础上,整合各种教学因素,确定教学实施的教学目标和内容、教学策略和教学方法的过程,这时教师的认知技能起到关键性作用。教师的认知水平高低决定着教师的课堂教学能力水平,教师在教学中使用策略的水平,其水平高低主要是看他们如何引导学生掌握知识、积极思考、运用何种策略解决问题的,它是教师课堂教学能力的集中体现。

(三)在科研工作方面的作用

我国高校,尤其是一些示范性的高校,具有科技开发和服务的实力。高校不仅是培养人才的场所,也是开展科技开发和服务的重要基地。教师不仅是教学工作的主体,也是科技开发和服务的主体。

"没有高水平的科技开发与服务,就没有高水平的教学",这已成为我国众多高校的共识。许多学校不断要求广大教师必须参加科技开发与服务工作,成为科技开发与服务的主力军,以提高其学术水平、科学研究能力和工程实践能力。有的学校除了抓好广大教师的培养工作外,还突出抓好教师学术骨干和学术带头人的培养扶植工作,发挥老一代学术骨干和学术带头人的传帮带作用,组织教师参加或主持重大应用项目的攻关。

总之,各高校都在采取各种有效措施,鼓励各级教师积极参加科技开发和服务工作,最大限度地发挥教师在科研工作中的聪明才智,不断提高他们的科学研究能力和学术水平,以促进多出成果、出好成果,多出人才、出好人才,以促进教学工作发展,提高高校的人才培养质量。

(四)在参与学校管理方面作用

按照我国《教师法》第七条的规定,教师"对学校教育教学、管理工作和教育行政部门的工作提出意见和建议,通过教职工代表大会或者其他形式,参与学校的民主管理"。教师参与学校管理,为学校及教育事业的发展出谋划策不仅有助于学校管理的民主化发展,而且还可以增强教师的主人翁情感和意识,提升教师的职业热情,因此《教师法》将教师的这一权利予以了法律保障。这也正是公民权利与教师权利相结合的表现。

教师是学校中最大的群体,也是工作在教学第一线的群体,是学校改革发展最重要的力量。各高校充分认识到教师群体在学校管理中的作用,通过教师座谈会、教代会、教工会等形式参与学校管理。教师也在积极主动参加教育改革,参与、关心学校各项管理工作,支持学校管理制度的不断完善,为加强学校制度建设献计献策。同时,学校领导及中层以上的管理干部也绝大部分在优秀教师群体中产生,学校重大问题的决策也必须征求广大教师的意见,由此可见教师在学校管理中的重要作用。

(五)在开展社会服务方面作用

高校教师是具有高深理论知识储备,具有专业特长与技术的一类群体,开展校企结合、产教融合,对行业企业进行技术咨询服务、帮助企业培训技术人才是高校教师的特殊要求。随着产业升级和经济结构的调整,行业企业不仅需要大量掌握高新技术的专业人才,同时还需要与高校专业进行深度合作,以确定企业技术发展的战略方向,减少投资风险,抢占市场先机,在这方面,高校教师理所当然受到行业企业的青睐。为此,很多企业聘用高校教师作技术指导和企业发展顾问,还以横向课题研究的形式购买专业研究成果和技术,充分显现了高校教师在行业企业中的作用地位。

教师还要运用自己的知识与才能为社会服务。教师通过著书立说,投书报刊,开办讲座、咨询、热线服务等形式,向人民群众广泛传播先进的科学文化知识和思想观念,教育人们克服和抵制社会上的腐朽思想、陈旧观念,积极投身于社会物质文明建设和精神文明建设。广大教师正是通过这些社会活动,为每一次的社会变革提供着思想上和舆论上的支持,成为促进社会变革与进步的一股强大的有生力量。

(六)在促进社会文明方面作用

作为以培养人、促进人的发展为根本职责的教师,其劳动具有巨大的社会价值,这种劳动对人类社会文明的延续、进步和发展,都起着不可替代的作用。教师对社会文明发展所起的重要作用具体表现在以下几个方面。

1.教师是人类文化的传播者和发展者

人类在长期的社会实践中,积累了丰富的经验,创造了灿烂的文化,留下了极为宝贵的精神财富。而人类长期积累的科学文化成果和宝贵精神财富,需要通过从事专门教学活动的教师承接起发展的任务,延续社会的文明。教师通过对人类丰富文化遗产的采撷、整理,使之成为系统的科学技术知识、文学艺术、社会思想、哲学观点和道德规范等,并有效地传授给年轻一代。实践证明,将人类社会积累的知识和间接经验传授给年轻一代是发展社会生产力,推动社会进步的一种最佳捷径。

可以毫不夸张地说,在人类的进步中,如果没有教师开发智力资源这个重要环节,科学文化宝贵财富就无法继承,人类文明就会中断,社会就不能进步。因此,教育是人类社会延续和发展的关键因素,而教师则是连接过去与未来的枢纽,对人类文化成果的继承起着桥梁和纽带的作用,对人类文化的发展发挥着无可替代的作用。

2.教师是社会物质文明和精神文明建设的有力推动者

社会的文明程度取决于社会成员的素质,而社会成员的素质又取决于社会教育。因此,教育是促进社会物质文明和精神文明发展的重要因素。在教育过程中,教师又处于主导的地位,教师功能的发挥直接决定着教育活动的成败。以此类推,物质文明与精神文明的建设任务也责无旁贷地落到了教师的肩上。

首先,从物质文明的建设和发展来看。现代生产需要经过科学知识武装、受过必要职业技术训练的新型劳动者,而他们是在学校中,由教师通过自己的学识、才干、思想道德品行影响和教育出来的,是教师劳动的结果。可见,高校教师是以"生产'生产者'"的身份加入到社会物质生产者行列中来的,高校教师通过技术技能的积累与传承,并通过自己的劳动进行物质生产、创造物质财富。正是从这一意义上讲,教师是物质文明建设的有力推动者。

其次,从精神文明的建设和发展来看。教师在培养各种高级专门人才、促进精神财富的生产方面也发挥着重要作用。所谓精神财富,是人们改造主观世界的成果。它主要表现为教育、科学、文化知识的发达和人们思想、政治、道德水平的提高。不仅社会物质财富的生产需要大批的专门人才,精神财富的创造也必须有一大批直接从事科学文化建设、思想建设的专门人才,而这些专门人才的成长不是自然而然的,而是由教师培养和训练的。他们也是在小学、中学,直至大学接受着教师的系统教育和培养,具备了从事本职工作的能力及文化水平、道德水平,这样才能在精神财富的生产中发挥应有的作用,为改变人们的精神面貌,推动社会精神生活健康发展贡献力量。教师在对年轻一代教授知识、发展智能的同时,还培养其思想品德,把人类社会发展中形成的道德观念、行为准则传播给他们,并在实践中使其养成良好的行为习惯。也正是在这种意义上,教师被称为"人类灵魂的工程师"。

三、高校教师教学的地位与作用

教学是高校一切工作的中心,其质量与水平是办学优势与核心竞争力的直接体现。随着我国高等教育大众化的发展,高校教学质量问题受到了社会各界的广泛关注。高校教学质量是高校学校核心竞争力的根本体现,提高高校教学水平是提高高等教育质量、培养高素质技术技能人才的根本保证。

(一)教学是高校教师职业生涯的主要任务

在高校教师职业生涯中,教学工作占有最重要的地位,它贯穿于整个教育活动各阶段的始终。教学是教师的首要职责。高校教师的教育教学工作,是以培养我国社会主义现代化建设所需要的技术技能型人才为根本任务。在整个人才培养的过程中,教学不仅担负着传授科学文化知识的重任,而且还担负着发展学生智力和创造能力、实际操作能力,把学生培养成德智体等全面发展,能掌握一定的科学文化知识及生产技能的社会主义接班人和建设者的历史重任。

(二)教学是高校一切工作的中心

教学既是学校的中心工作,也是学校第一要务。以教学为中心,实施内涵建设是目前高校的首要任务,也是增强学校办学优势和核心竞争力的重要内容。正如许多专家、学者所说的那样:高校师资队伍建设是办好高校的根本,教师教学是提高人才培养质量的保证,是发展高等教育事业的基本建设,是高校工作的永恒主题,缺少高校师资队伍那高校和高等教育就会是无源之水、无本之木。

(三)教学是提高教育质量的根本保证

教学是以知识、技能和伦理道德规范为媒介的师生之间的双边活动。高校教学活动内容极其丰富,一方面,教师对高深知识和科学技术进行传授与讲解,要遵循高等教育的客观教学规律;另一方面,教学过程也是起"主导作用"的教师和"主体作用"的学生之间的心理共鸣与碰撞过程,它渗透了教师的个性特点和品格特征,也体现了学生的学习态度等一系列心理因素。教学是影响人才培养质量的重要因素。在教学过程中,教师通过对教学内容的传授,学生通过对教学内容的学习,双方共同活动,从而实现教学目标,完成教学任务。

(四)教学是培养合格人才产品的重要手段

高校办学的根本目的是培养适应我国社会主义建设的专业人才,这种人才"产品"不同于其他任何工业产品,不仅有技术成分,还包含思想成分,只能通过较长的学习实践才能形成,只有通过教学行为与过程才能完成,只有依靠教师的集体力量才能实现。因此,教学是高校一切工作的中心,是形成人才合格产品的根本途径与手段。只有通过教学才能形成人才产品,才能向社会输送合格人才,才能促进经济的发展。

第二节 高校教师教学能力的重要地位与作用

在我国由教育大国向教育强国转变的过程中,提升教师教学能力是高等教育从数量扩张转向内涵发展的迫切需要,是信息社会和知识时代的必然要求,是高等教育质量的重大战略保障,是推动教学改革进程、实现教师专业发展和自身职业发展的关键所在。

一、高校教师教学能力重要性认识

教师教学能力是教师的基本能力,是教师专业水平的重要呈现,也是教师专业发展的核心内容。教学能力作为教师教学专长的核心部分,直接影响课堂教学的有效性以及学生对知识技能的掌握和能力的发展,直接影响高等教育质量和高素质创新人才的有效培养。教师作为教育第一线的执行者,是否具有相应的教学能力来实施和落实人才培养工作,成为高等教育成败的重要因素。近年来研究表明,影响学生能力发展的关键因素在于教师的水平和能力,教师良好的能力结构有助于提高教师知识引导的效率,有助于培养学生优良的学习能力,同时也有助于教师自身进一步发展,增强职业适应性,以顺利应对千变万化的教学工作和教育环境。

但一直以来,高校只重视教师科研数量、学历层次和教学条件等硬性指标,而对教师教学能力这个关系到人才培养质量的核心问题缺乏应有的重视,致使许多教师存在着学历高、职称高、科研能力强而教学能力弱、教学效果差的问题。可喜的是,随着我国高等教育迅速发展,近年来,与教学质量密切相关的高校教师的教学能力也受到了多方关注。人们认识到:高校建设的首要目标是构建一支能适应我国高等教育事业发展需要的教学队伍,不断提高教学队伍的素质和水平。各级政府高度重视教师教学工作,把师资队伍建设及其教育教学水平的提升当作重要工作来抓。各高校也把提高教师教学能力作为高等教育发展的第一要务,不遗余力,千方百计地提高教师教学能力。

二、高校教师教学能力的地位与作用

(一)教学能力是教师的基本能力,也是教师的职业核心能力

教学能力是高校教师的基本能力。高校在发展中要有明确的办学思想,教学是高校的首要目标和基本任务,是学校的中心工作。大学是培养具有高尚人格、创造性、独立思想、精神感悟人才的殿堂,即便是研究型大学,其科研活动也是在保障教学的前提下进行的。因此,要树立教学能力是高校教师基本能力的理念。

教学能力是教师的职业核心能力。研究和提升教师教学能力是高等教育发展新形势的迫切要求,是高校教师职业化与专业化发展的内在需要,也是提高教学效果与教育效能的有

效途径。

教师教学能力水平状况是影响教学效果最直接、最明显、最具效力的决定性因素。在教学活动中，决定教师在其中的地位、作用的核心因素是教师的教学能力，决定活动效率质量与高低的决定性因素是教师教学能力。在高校教师职业生涯中，教学工作占有最重要地位，教学能力是教师职业最基本的核心能力，也是教师专业成长的核心部分。

（二）教学能力是教师专业水平的重要呈现，也是教师专业发展的核心内容

教师专业化是指教师在整个职业生涯中，通过专门训练和终身学习，逐步习得教育专业的知识与技能并在教育专业实践中不断提高自身的从教素质，从而成为教育专业工作者的专业成长过程。教学能力是高校教师专业化发展的重要指标，能促进教师专业化发展。

教学能力是教师专业水平的重要呈现。教师专业成长又可称为教师专业发展或教师专业化。它是指教师在整个专业生涯中，依托专业组织，通过终身专业训练，习得教育专业知识与技能，实现专业自主，表现专业道德水准，并逐步提高自身从教素养，也就是一个人从"普通人"变成"教育者"的专业发展过程。这个过程被称为教师专业化。教师专业成长是学校可持续发展的"软实力"，教师教学能力是教师专业化发展的重要因素，是教师专业化发展的必然要求，是教师专业化水平的重要体现，也是教师专业得到社会认可、提高职业声望的基础。

教学能力是教师专业发展的核心内容。高校教师职业具有双专业特性，教师专业发展不仅是其学科专业的发展，还包括教育专业的发展。应该说，当前教师高学历的特点基本上解决了其学科专业发展的问题，但"从教师专业化的角度审视，高校教师应该既具有解决'教什么'这一问题的学科专业知识，又具有解决'如何教'这一问题的教育专业知识。'教什么'和'如何教'正是高校教师教学能力提升的首要问题。只有把'教什么'和'如何教'的问题都解决的高校教师，才是一个真正合格的教师"。所以，教学能力发展就成为其专业发展的核心内容。

（三）教学能力是教师队伍建设的主要内容，也是人才培养质量的条件与保障

人才培养、科技发展、服务社会、文化传承与创新是高校的四大职能，也是高校的四大职能，这些职能最终需要通过高校或高校教师来承担和实施。"大学者，非大楼之谓也，乃大师之谓也。"由此，高校所需求的教师，应是具有广博的专业知识，深厚的技能技术造诣，追踪行业发展前沿精神的教学者、研究者。

当前我国高等教育超常规高速发展的情况下，教师队伍建设显得尤为重要，其中加强高校教师教学能力发展是教师队伍建设的重要内容。

教师作为高校的人力资源，教师的成长和进步、教师教学质量关系着学校的兴衰荣辱。毋庸置疑，教师的教学能力是影响教学质量和效果的关键性因素，是开展教学改革、提高人才培养质量的条件与根本保障。高校教师只有高水平的教学能力，才能进行有效教学，顺利

完成教学目标和教学任务;才能提高教育质量,培育高素质的技术技能人才;才能促进教师和教学向深层次发展,促进高校健康发展。

第三节　高校教师教学能力发展的客观需求

在我国由教育大国向教育强国的转变过程中,教师教学能力发展是高等教育从数量扩张转向内涵发展、质量提高新阶段的迫切要求,也是提高教育效能、提高人才培养质量,推动教学改革的关键所在,同时也是教师自身成长发展,以适应千变万化教育环境的内在需要。

一、高校教师教学能力发展是制度性要求

在高等教育中,国家十分重视高校教师素养和能力提高,在 20 世纪 90 年代初就已提出高校教师队伍应朝着"双师型"方向努力。《中华人民共和国教师法》中也明确规定,教师是以教书育人为职责的专业人员,必须发展职业的专业性,以胜任学校中的教育教学工作。

由此可见,从政策层面来看,国家高度重视和强调高校教师教学能力问题,高校教师教学能力及其发展已被提升到国家提高高等教育质量的战略高度,并逐渐成为高校可持续发展的战略选择。

二、高校教师教学能力发展是教师队伍建设的需要

高校教师队伍建设是我国职业教育进入科学发展新时代的基本要求。面对职业教育发展的新形势,提出了职业教育在进入科学发展新阶段过程中,要明确工作方向和思路,推动职业教育改革发展,把教师队伍建设放在职业教育工作最重要的位置上。强调师资队伍建设是发展我国社会经济和加速经济建设的基础,教师教学能力提升是振兴我国职业教育质量与水平的希望所在。

三、高校教师教学能力发展是适应社会发展的需要

(一)适应区域经济发展和产业结构调整的需要

随着经济全球化和我国产业结构的升级换代,我国在全球经济中的地位逐渐从制造大国向制造强国转变,这种转变需要大量的高级技术人才。与此同时,区域经济的快速发展,产业结构从劳动密集型向技术知识密集型转化的今天,社会对劳动力层次的需求也越来越高,也同样需要大量的高级技术人才。高级人才的大量需求,一方面是社会对高校赋予了更多更高的期望,对高等教育人才培养提出了巨大的需求,极大地促进了高等教育的迅猛发展。另一方面又对高等教育现状提出了强有力的挑战,对高校教师教学提出了更高的要求。所以无论是作为整体的高等教育系统还是作为个体的高校,都在这种挑战下面临着前所未

有的生存压力。

为了适应这种挑战，必须大力发展高等教育，培训高级技术人才。作为培养高技能人才的重要场所，高校只有不断发展教师教学能力，提高教学质量和办学水平，才能满足社会和用人单位的需求，才能适应社会经济发展与技术发展的需要。

(二)适应行业新技术发展的需要

高等教育培养的是高素质技术技能型人才，与科学技术紧密相关。随着科学技术发展日趋加速，高新技术成果日新月异，知识更新周期日益缩短，新技术、新标准、新工种不断出现，企业对工人的要求越来越高，导致高校教学内容和教学手段不断更新。高校教师要适应这种更新，必须不断熟悉新技术、新工艺、新设备和新材料，并把这些最新的知识和技术有机地融入到教学过程中；必须研究并把最新的教研成果、最新的工艺与技术迅速转化为生产力；必须发展教学技术和能力，面向区域经济，瞄准行业、企业技术发展趋势，不断吸收新知识，更新丰富自身的专业知识结构和专业技能，使之与社会发展同步。

(三)适应知识时代和信息社会发展的需要

我们处在知识经济时代，知识的产生、更新、流动、消亡速度和知识总量均呈指数式上升。我们处在信息化时代，信息技术的广泛应用改变了信息在社会中的分布形态。高校作为知识生产和传播的重要基地，面对全球化、数字化、知识创新化的知识时代的挑战，置身于信息时代大背景下，其教师专业发展必定带上教育信息化的烙印。

面对世界科技进步日新月异，技术更替不断加速，新科技知识令人目暇不接，教师除了精通所教学科的专业知识外，还应把自己的视野放宽，多懂得一些非本专业的知识。过去常说教师要给学生一滴水，自己必须要有一桶水，而现在"一桶水"已不能满足学生的需求，教师要把自己变成一条长流不断的溪流，不断扩大自己的知识面，不断用新知识补充自己、完善自己，提高自己的综合素质，使自己的教学内容达到深度和广度的统一。

面对高速发展的信息化时代，作为数字"原居民"的学生，信息来源是多渠道的，利用互联网上丰富的学习工具和学习资源，自己就能较好地解决学习过程中碰到的良构问题，在学习伙伴协助下能对劣构问题有相对感性的认识，因此，或多或少地能够创造出一个信息相对对称的环境，这种情形微妙地改变着师生之间的教育关系，一定程度上会削弱教育者权威。学校不再是唯一的接受教育的场所，教师不再是唯一的知识生产者，传播功能有所弱化，生产者和消费者的传统界线逐渐消融，消费者逐步参与生产过程，在消费知识的同时，也是知识提供者，学习者从知识的消费者(Consumer)变成知识的"产消者(Prosumer)"。

教育的全球化和信息化形成了一个日新月异的世界。信息社会下，随着学生学习形式和创新人才培养模式的变革，置身于互联网当中的教学系统各要素产生了近乎无边界的拓展，教学能力不断被赋予新的内涵，被提出新的要求，使贯穿于教师终身教育过程的教师教学能力提升更具紧迫感和必要性。

四、高校教师教学能力发展是学校内涵发展的需要

（一）高校教师教学能力发展是高校"内涵式发展"建设的需要

从高等教育系统内部看，学生生源目前基本达到顶点，据专家预测，适龄考生将呈下降趋势。可以预见，届时有很多高校处于"吃不饱"状态，学生将享有选择学校就读的权力，并开始以消费者态度，要求学校给予更多的学习权利，提出更高的需求。由此可见，未来高校对生源的竞争必然日趋激烈，而任何形式的竞争，归根到底是人才质量的竞争，是教师教学能力的竞争。因此，着力加强师资队伍建设，提高教师教学能力便成为高校内涵发展的必然选择与需要。

（二）高校教师教学能力发展是高校教学发展及社会服务的需要

高校教学"职业本位"的科学定位和专兼结合的"双师型"师资队伍要求，决定了高校教师既要具备扎实的基础理论知识和较高的教学水平，又要有较强的专业实践能力和丰富的实际工作经验；既要从事理论教学，又要从事实践教学；既承担教学任务，也要承担专业技术指导讲师或工程师。高校教师只有针对区域行业经济和社会发展需要，按照技术领域和职业岗位的需求，不断革新充实教学内容，发展教学能力，才能适应现代高等教育教学要求，才能真正提高教学质量。

高等教育服务于社会市场经济建设，这是高校的办学目标之一，也决定了高校教师教学服务于社会的功能。高校教学要服务于社会、行业、企业，教师除了要更新教育观念，顺应市场潮流，抓住社会市场经济的走向，从根本上树立起教育服务于社会的思想外，还要把握科学技术的发展趋势，具备行业指导、技术咨询和开展社会培训服务的水平和能力，这种服务水平和能力，对高校教师教学能力提出了新的考验与挑战。

（三）高校教师教学能力发展是提高高校教学质量的需要

按照教育部关于质量、规模、结构、效益协调发展的方针，既要保证高等教育的数量和规模等方面的大发展，又要树立质量意识，保证人才的培养质量。提高质量是高等教育发展的核心任务，也是建设高等教育强国的基本要求。高校人才培养质量取决于教师教学及能力，教师教学能力是开展教学改革、提高教学质量的基本保障。

五、高校教师教学能力发展是适应个体发展的需要

（一）高校教师教学能力发展是适应高校学生个性发展的需要

高校学生基本上是经历过至少十二年教育的在法律上具备完全民事行为的成年人，对高等教育专业、课程的学习有较强的自主选择权，其学习目标的指向为直接就业或追求更高的学业层次。他们所需求的教师，既是具有广博专业知识，深厚教学学术功底，追踪前沿技术精神的教学者和研究者；也是引导学生专业探究，启迪专业智慧，提升专业能力的引路人、

合作者。他们所需求的教师不仅仅是"传道、授业、解惑",而是要根据教学内容、对象、目标及自身发展的不同需求,能够编导课堂活动,驾驭课堂气氛,引导学生探索,激发学生创新动力,帮助学生专业成长并同时获得教师自我提升的艺术家、创造者和开拓者。高水平的教学策略与方法会促进大学生的有效学习和教学质量的提高,大学生主动性的发挥以及创造性的发展也需要发挥高校教师的主导作用才能实现。

目前,信息技术的快速发展也正在改变着高校学生的学习方式和学习环境。这些学习方式强调自主学习、合作学习、探究学习,强调动手能力、实践能力和创新能力的发展。学生学习方式的改变对高校教师的职业素质和职业能力提出更高要求,高校教师面临新的挑战。高等教育"高素质技术技能型"培养目标要求高校为高校学生提供高端前沿的职业素质和职业能力发展的特殊学习环境。学生个性的发展要求教师不仅能够在教学过程中传授本专业前沿技术知识,还应该具有研究社会发展对专业人才规格需求和能力结构方面动态的能力。高校教师唯有不断充实完善自己,提升自己的专业水平,增强自己职业适应性的能力,才能顺利应对千变万化的教育工作环境和要求。

(二)高校教师教学能力发展是适应高校教师个体发展的需要

高校教师素质和能力的提升是教师个人专业成长的要求。教师专业成长是以"产教研"为核心的综合素质和能力不断提高的过程,是教师教学能力、学生管理能力、科研创新能力、行业协作和服务能力不断提高的过程。

高校教师教学能力的提高,一方面对教师个人有潜在的应用价值,因为它有助于教师增强职业适应性,以顺利应对千变万化的教育工作和教育环境。另一方面,未来高校竞争必将日趋激烈,而任何形式的竞争,归根到底是教学质量的竞争,是教师教学能力的竞争。教师良好的教学能力水平,有助于提升教师在教学中的地位,提升教师在专业建设中的地位。

第三章 高校教师教学能力形成及机制构建

第一节 高校教师教学能力形成与发展规律

一、高校教师教学能力形成阶段与发展规律

教师教学能力是在教学实践过程中长期培育和积淀而成的,具有内在的发展规律。高校教师教学能力形成过程可以划分为不同的阶段,以便于描述教师成长的一般进程,把握教师整个职业生涯过程中所呈现的阶段性发展规律,促进高校教师教学能力发展的效率与效能。

(一)高校教师教学能力形成与发展阶段性划分

参照国内外教师成长过程划分研究及长期教学实践,高校教师教学能力形成过程可划分为入职前期、入职初期、入职中期和入职后期四个发展阶段,高校教师通过这些阶段性的行为与过程,能形成教学基本能力、教学实施能力(一般能力、特殊能力)和教学发展能力。

1. 职前准备阶段

职前阶段也称准备阶段,是准教师从事实际教育工作以前的职业准备期或专业预备期阶段。在这一特殊阶段,准教师所接受的教育和环境影响,以及自主学习的意识和努力程度都将影响到日后的发展和作为。在这一阶段,准教师通过职前的学习和教学见习、实习过程,逐步激活个体资源(专业素质与技能),并通过一系列初始化职业行为,形成职前的基本能力,即准教师教学的基本能力。

2. 职业初期阶段

此阶段一般对应教师在职初期,也称教学适应期、胜任期或磨合期。此阶段能形成教师的一般能力,一般能力是胜任型教师教学能力的主要特征。

职初阶段的教师,个人知识和技能开始紧密地与自身生存和发展联系起来,在生存压力下开始加强专业化发展。职初阶段的教师,没有受到教育世俗的影响,可塑性很强,经过大约5年的教学实践后,教学的一般能力初步形成,能成为胜任型教师。职初阶段的教师虽然具备一定的教学基本知识、基本技能与基本认知,能适应或者胜任一般教育教学工作,但教师教学能力、素质发展还处于较低的层次,且发展不平衡。

3. 职业中期阶段

此阶段一般对应教师在职中期,也是教学及能力发展较快时期。在职中期教师教学能

力基本特征,体现为经过 10～15 的教育教学实践,教学素质全面,工作效率高,并呈现出三个方面的变化:从重视教师一般教学技能,向重视教师的综合素质和能力变化;从单纯重视课堂教学能力,向关注学生个性、促进学生发展变化;从重视教师一般的教学能力(计划、处理教材、教学、管理等),向重视教学研究能力的变化。

这一阶段的后期,能力发展将呈稳定状态,大多数教师停留在这一时期的时间比较长。有关研究表明,80%左右的教师可能终身停留在这个成长阶段,尽管有些教师具有丰厚经验积累,但最终只能停留在熟练教师的水平上,在成长过程中度过这一漫长的"高原区"。

4.职业后期阶段

职业后期阶段是教师职业生涯的后期,也是教师教学能力成熟期。在此阶段,教师教育教学工作熟练化、经验化。教师在努力钻研业务和开展科研的同时,能结合自身特点和教育发展要求,逐步发展新的教学技能和教育思想,形成独特的教学教育模式。此阶段教学能力与教育科研能力协调发展,成为教育专家型教师。有人认为,在职初期是教师生涯的第一站,目的是能在三尺讲台上"立住脚";在职中期教师要形成过硬的基本功,形成一定的经验和技能,并具备独立的教育实践能力,以便能在三尺讲台上"站稳脚";在职后期的教师要形成自己的职业价值观,逐步树立现代教育观念,形成自己的教学特色,构建自身经验体系,实现三尺讲台上"游刃有余"并能"站好脚"。这种"立住脚""站稳脚"和"站好脚"的教师成长道路一定程度上也诠释了高校教师教学能力形成与发展的逻辑。

(二)高校教师教学能力形成与发展规律

教师教学能力在其形成不同阶段表现出了不同的发展规律,这些规律不仅表现为发展阶段时间的长短、发展层次的快慢,还表现为发展质量的高低。

1.适应发展期

适应发展期是指高校教师入职前期和在职初期。在这个时期,教师心理、专业知识与教学知识处于适应调整阶段。表现在专业知识与技能发展不太明显,但教育教学基本知识与技能发展却相对较快,教师综合职业素质也得到了明显的加强,特别是教学思想与意识,对职业教学的认知能力会有很大提高,开始形成初步简单的教育观念。所以在这一时期,学校对教师的教育教学能力的考察,要注重考察其潜在能力素质、道德素养和心理素养,因为这些因素将在其今后的教师职业生涯中起决定性作用。

入职前期(职业准备期)的教师,主要活动是职前岗位培训、教学观摩实习,应用和实践在校学习的各种知识和专业技能,逐步将自己的经验与所学的知识联系起来。同时,尝试进行教育教学基本实践,进行课堂教学情景模拟,学习常规教学方法,努力获得教师职业的部分素质。在这一时期,准教师只能遵从课本上的知识或专家教师的传授,没有太多具体的实践教学经验,不能深刻理解哪些教学环节是重要的,因而实际模拟教学行为时就比较刻板,不能达到迅速、流畅和灵活。所以在这一阶段,现实的、亲身的体验比口头获得的信息更为重要。通过一段时间的职前准备后,新教师能具备一定的教学素质与技能,初步了解实际的教育教学工作,并形成初步的教学能力,为入职期开展正常教学工作奠定基础。

在入职初期教师,会努力适应教学以求得生存。这一阶段更多的是应用入职前学习的各种知识和教学技能,巩固与验证书本知识,不断地把教学知识转化为教学能力。教学主要以常规方法为主,努力发展能使教学得以顺利进行又能得到专家认同的教学模式。同时在知识结构、教学设计能力、课堂讲授能力、调动学生主体性的能力、教学测评能力和教育教学能力等方面逐步体现出综合化和一体化的特征,并在教学全过程中,能根据学生的特点,不断完善教学技巧,合理运用教学方法,努力使自己的教学效果达到最优化。

适应发展期是教师教学能力发展的第一个关键期,也是教学基本能力发展相对最快的时期。这个时期的教师表现出下列特征。

(1)最迫切需要理解、支持和鼓励

新教师和那些有经验的教师所必须负有的责任在种类和程度上是相同的。一般说来,准教师们从开始考虑选择教师职业和接受培训起,他们对职业就有了信心和向往,并进行积极的专业准备。准教师成为新教师后,最初的教育生涯可能会给某些新教师留下一段受挫经历,各种各样的现实冲击,如角色冲突、人际关系、工作任务等困境会使得他们观望、好奇,并经受相当严峻的考验。由于身份的转变,角色的转换,责任的变化,他们往往表现出对新职业的复杂感情,即一方面有初为人师的积极热情,另一方面也因理想与现实的差距而失落,或面对新工作无所适从而焦虑彷徨,存在着想尽快步入正轨而希望获得教学知识和技能的急切心情。因此,他们需要理解、支持、鼓励,需要给予信心、给予安慰和辅导,需要各种职业支援与人生成长的协助。

(2)最迫切需要入职指导和在职培训提高教学能力

新教师是一个已经完成了所有职前教育课程的教师,他已获得执教资格,并进入教育教学工作岗位。新教师入职指导是20世纪70年代发展起来的一种促进教师专业发展的指导计划,现在已被人们广泛接受。新教师需要入职指导,入职指导主要由教师任职学校主持实施。新教师入职指导是一个安排有序的计划,意在专门向新教师提供至少为期一年的系统持续帮助,使其尽快适应环境,进入角色。经常采取的策略是学校有经验的指导教师进行"传、帮、带",多数是由导师进行现场指导,并与之分享经验。

新教师处于适应发展期,对于教学活动及环境大都仅局限于学生时代或社会感知的模糊认识与记忆,他们会发现所预想的成功与教育教学实际情况之间存在着差距,感觉自己不能胜任或者尚未准备充分,因而这个时期是他们培训意愿性最高的阶段,迫切需要进行入职指导和职业培训。

(3)最迫切需要揣摩、反思和总结

处于适应发展期的教师,其教学需要实践和指导,更需要揣摩和反思。但长期以来,部分高校给新教师压担子,给位子,"恨不得一口气让他们吃成个大胖子"。殊不知,这样的做法,为时过早,欲速则不达。新教师虽然有一定的理论知识,精力充沛,但其教学"临床经验"一穷二白,既不懂得教学上的"规则",也不熟悉教材,更缺乏必要的教学技巧、教学手段和教学方法。如果每天不是备课就是上课,"超负荷"的工作量会使他们没有足够的时间精力对自己的教学进行反思,更不能抽出时间去向老教师请教、去听同事的课。实践证明,在过重的工作压力下,新教师根本无力及时"休整"自己的教学,反思自己的得失,教学业务水平和能力也只能永远在原地徘徊,裹足不前。因此,处于适应发展期的教师,千万不要过早"施压",要给他们提供一个相对轻松的环境,要使他们"轻装上阵",循序渐进度过"磨合期"。等其羽翼渐丰,条件成熟时,再慢慢给他们压担子,委以重任,使其真正充当教学上的主力军,这对新教师的成长大有裨益。

2.快速发展期

快速发展期对应高校教师职业生涯的在职中前期。通过几年适应期的教学与实践后,教师积累了丰富的经验与阅历,教学能力开始处于快速发展时期。

在这一时期,教育与教学基本知识技能处于相对稳固状态,但专业教学的一般能力与特殊能力却取得了长足的进步,逐步趋向稳定与成熟。对专业教学的认识和经验更加丰富,开始形成自己的教学风格和教学模式,并产生了较强的教育工作使命感和责任感。在这一时期,不仅教师形成了教学设计能力、教学组织能力、教学管理能力和教学总结反思能力等四方面的能力,而且教师职业规划与协调能力,教学交流、合作与学习的能力,自我完善与发展的能力也得到了空前发展。更为可贵的是,经过多年的教学实践,还培育出了开拓创新的激情、成功与发展的欲望、成就的快感体验与自我激励意识,这是一种教师自身发展的潜质与潜力。这些潜质、潜力又通过教学实践的反复积累后,逐渐升华并内化为教师自我发展的本质力,即教师本体发展核心能力。这种本体核心能力是教师教学能力结构中最本质、最核心的部分,也是教师教学能力快速发展的内在动力源泉。

在这一阶段,教师通过大量教育教学实践,从量变到质变,教学能力提高最快,发展最全面,出现了质的飞跃,因而工作效率高,能出色地完成教育教学任务。在这一阶段,最为明显的特征是教师从关注自身、关注教学转向关注学生。如备课时既备教材,也备学生。讲课时不断改变传统的以教师为主体、学生被动学习的教学模式,积极建立和形成充分发挥学生主体性的多元化的现代学习方式。在这一阶段,教师不仅开始超出原有的知识和教学技能、发展更加实用和自主的教育方法、灵活自如地应用各种教学技能并组合成新的教学方式,而且能走出上一阶段形成的固定教学程式,在教学和专业知识上逐渐提出自己的一些看法,逐步进入成长的成熟阶段。

3.停滞发展期

停滞发展期对应高校教师职业生涯的中后期。教师教学能力通过适应发展和快速发展后,就会进入到教学能力发展停滞期,也称为职业发展的"高原期"。处于职业"高原期"的教师,教学能力提高缓慢、职业成长和能力发展出现"停滞与衰退"。究其原因,一是经过快速发展后的教学能力,要进一步提升会变得更加困难,从而丧失了晋升的能力和动机。二是教师入职前期的兴奋点已过,长年累月进行固定的教学程式或一成不变的教育教学情境,以及年龄增长、性格变化、掌握了工作相关的所有技能和信息等个人因素,使得一些教师对工作逐渐丧失了激情,整个工作陷入一种僵持状态。三是部分高校教学管理力度长期"软化",教师教学能力助长机制缺失,教师评价制度偏向等管理体制和激励机制的原因,使得教师专业态度与专业精神丧失。四是长期的行为习惯和经验所积累的平衡点在起阻滞作用,导致思维和认识都围绕平衡点波动,部分教师产生了封闭心态,不愿意尝试新东西,抵制新思想,不愿做科学的、批判性反思,却非常愿意根据经验去工作,对自己的经验非常相信,感觉总是自己原来的好。这种现象在中老年教师中较为常见。五是教师负性自我认知图式产生的影响。负性自我认知图式是以对自我、对世界、对未来的消极认知为基本特征,它是用个体应对方式(对内外环境要求及其有关的情绪困扰而采用的方法、手段或策略)反映出来。这种现象产生的原因是因为自我(个性的理想自我与现实自我,应该自我与现实自我)不一致,从而产生了消极情绪。这种情绪在教师中较为普遍,特别是当今教师地位低下,不受尊重,在发展与升迁无望时,更容易心灰意冷,不思进取,不求发展,因而对教学能力的形成与发展极具影响。

教学停滞期教师教学能力提高缓慢甚至倒退,"职业倦怠"和"职业退化"是这一时期教师的主要特征。职业倦怠是由三个维度构成的一种心理状态,即情绪衰竭、失去个性、成就感降低。其中情绪衰竭是职业倦怠的核心成分。情绪衰竭是指感觉工作的价值很盲目,工作后回头看很茫然,很平庸,因而产生挫折感甚至无力感,处于消极状态中。教龄6~10年是教师职业倦怠最严重的阶段。这阶段教师工作保守,不进行求新和变革,仅满足于自己的经验和技能,日复一日在单调乏味的教学轮回面前裹足不前,在成长过程中度过漫长的"高原区",最终只能停留在一般教师的水平上。只有那些在工作中能够不断发现问题,提出问题,对自己的经验进行科学批判性思考,探求新思路、新方法,创造性开展工作的进取者,才能够克服"职业倦怠"和"职业退化"现象,成为真正的骨干教师。职业倦怠的产生缘于各方面的压力,并跟自己本身、外部条件和封闭心态有关,但是最主要还是产生于自己的封闭心态。

4. 质量发展期

"停滞期"是无法避免的,只是深浅程度和时间长短问题,但人的欲望是与生俱来和永无止境的,外界或环境稍有变化便会激发教师特有的自尊、自信以及要求尊重和努力成功的品质。因此,通过"停滞期"痛苦的反思和检讨,通过自我心理调适与调节,大部分教师会自觉评估自己过去的行为,重新树立工作目标。而一旦重新起航,过去的经验、经历将促使教学能力快速发展,实现教学能力发展层次的提升。

质量发展期对应高校教师职业生涯的后期。处于质量发展期教师的主要特点:一是学识专深化。教学知识整合更完整,也有更多的教学背景知识;教学知识技能结构更加完善,教学艺术、教学技术和教学学术以及教学发展能力更加全面,形成了自己的教学特色和风格。二是教学能力成熟。对教育有深刻的理解和感悟,开始走出传统固定的教学程式,灵活自如地应用各种教学技能并组合成新的教学方式;大胆地对教学过程、评价方法等方面进行教改实验,发展更加实用和自主的教育方法,形成了自成一体的教学流派;能有效实施具有职教特色的教学模式,在工学结合、产教融合,及教、学、做、用于一体等方面成为领头兵。三是更加注重教书育人。在做好"经师"的同时,更注重做好"人师",并把研究的触角伸到教书育人的各个方面,不仅"立德""立功",还能"立言",追求真、善、美境界。

质量发展期的教师教学能力发展全面且会再次处于稳定状态,其进一步发展的势头将变得缓慢,但这种缓慢不同于职业倦怠期的缓慢,是一种注重质量提升的缓慢。

5.创新发展期

创新发展期同样对应于高校教师职业生涯的后期。处于创新发展期的教师具有以下特征:一是目光远大,视野开阔。其教育教学思路开阔,喜欢发现新的东西。能体会教书育人的乐趣,体验教育教学的幸福感,追求的是教学境界。二是富有创见性,工作角色转变为"改革者"或"研究者"的角色。表现在教育改革意识与能力足,能对问题的性质进行深入透视,具有独创的洞察力解决方法。表现在工作中能够不断发现问题,提出问题,对自己的经验进行科学批判性思考,探求新思路、新方法,创造性开展工作。表现在对专业教学有独特的见解,注重教学模式创新和知识创新,注重思考在学科专业发展过程中有决定性意义的问题。三是开始形成自己的教育理念和教育思想,高屋建瓴地审视教育教学问题,对学校组织和管理中的漏洞进行批评和指正,对教育工作者共同面临的教育难题发表富有创见的观点,敢于挑战权威。

经过上述不同发展时期后,高校教师教学能力逐步走向成熟。在这个过程中,教学能力不同时期发展变化的重点并非只是量的增减,而是表现为质的变化,体现了结构重组的一般进程。即人的心理发展的不同阶段不仅表现出人的行为或技能在数量上的增加,而且指个人思维方式或行为方式的新的改组或新模式的出现。教师教学能力不同时期发展的划分有助于为教师指明个人的专业发展道路,为教师的专业学习和训练提供所需要的基本内容,对制定教师教学能力培养与发展计划,有效提高教师教学能力具有十分重要的意义。

(三)高校教师教学能力形成与发展的机理

高校教师教学能力是复杂系统的共同体,这个共同体包括教学基本能力(素质素养)、教学一般能力、教学特殊能力和教学发展能力等能力成分,各能力成分具有内在的相互影响与相互作用关系,共同促进了教师教学能力系统的最终形成。

1.高校教师教学能力形成与发展模型

高校教师教学能力是在素质、知识、能力等要素的不断积累、有效整合及共同作用下形成的,是在开展教学实践的行为、过程中连续不断和渐进式发展变化的。在这个系统中,"行为、过程"和各阶段性能力要素组成了一个有机整体,他们互为前提,相互激发,关联递进,在运行和流动过程中不断生长发育并实现自己的增值。与此同时,系统还通过行为、过程的反复循环,不断促进各资源要素的再生产和再流动,不断实现系统结构的重组与发展。这种重组与发展并非只是量的增减,而是产生了质的飞跃,使得教学能力不断地升级与转换。

2.高校教师教学能力形成与发展机理

高校教师教学能力是以静态的环境资源(包括个体资源)为基础,通过构建并实施动态的行为、过程,并在各阶段性能力要素的驱动及系统回路正反馈机制的作用下而逐步形成的。因此,教学能力是一种"行为、过程"构建力。这种"行为、过程"的构建性要求高校和教师个人,不断增强教学能力发展的"行为"与"过程"意识,不断激励"行为"的创新,不断促进"过程"的再生产和再流动,不断加强"行为、过程"机制(决策环节、实施环节、监控环节和反馈环节的建设,并把握机制发挥作用于如下过程。

第一过程,基本能力驱动阶段。此阶段是激活环境资源并开发基本能力,对基本能力要素(基本知识、基本技能)和教学资源进行集约与整合,对行为进行初始化(赋予简单的教学行为),对过程进行有序化并作用于教育实践过程,以实现基本能力一般简单利用。这个过程经过不断的评估、反馈、调整后形成了高校教师教学的一般能力。

第二过程,一般能力驱动阶段。在此阶段,一般能力与基本能力要素再次整合,并在学习与教学实践过程中充分融合,再次通过阶段性评估不断完善和升级转换,产生较强的教学能力即高校教师教学的特殊能力。

第三过程,特殊能力驱动阶段。在该阶段,特殊能力、基本能力和修正完善的行为进行战略整合和融合,并发生协同作用,共同构建、生长而形成教师本体核心能力之一的教学发展能力。

总之,高校教师教学能力归根结底是通过不断实践行为与创新而形成的对其发展具有持续竞争优势的能力系统。教学能力具有合力、构建力、生长力的形成特性,教学能力系统具有不断强化的自举和自增强机制,这种正反馈机制是高校教师教学能力形成与发展的内在动力源泉。

第二节　高校教师教学能力形成机制与构建

教师教学能力成长是一个实践、反思、总结、改进和不断提高的长期过程,不仅依赖教师个人素质与主观努力,更需要学校、政府采取措施,为其提供良好的制度措施与发展环境。

高校教师教学能力形成机制是促进教学能力提升的主要措施,其结构与内容将决定教学能力成长的效度。

一、高校教师教学能力形成机制及制定原则

高校教师教学能力形成机制是学校内部具有对教学能力形成与发展起推动作用的各种因素及其相互关系的总和,其实质是一个以能力形成与发展逻辑构建的行动体系。高校教师教学能力形成机制具有一定的特征,其构建也要遵循一定的原则。

(一)高校教师教学能力形成机制

1.机制的含义

"机制"一词最早源于希腊文,指有机体的构造、功能及其相互关系或机器的构造和工作原理。把机制的本义引申到不同的领域,就产生了不同的机制。现已广泛应用于自然现象和社会现象,指其内部组织各构成要素之间相互联系与相互作用的关系、功能和运行变化的规律。

机制以体制和制度为载体,也就是通过建立适当的体制和制度,可以形成相应的机制,通过改革体制和制度,达到转换机制的目的。机制是在一定的体制下形成的,可以说机制是以客观存在的体制为前提的,当确定了某种制度安排之后,相应的机制就产生了。

马克思主义哲学认为任何事物的发展都是内因和外因共同起作用的结果,内因是事物发展变化的根据,外因是事物发展变化的条件,外因通过内因起作用。所以机制特别重视人的因素,体制再合理,制度再健全,执行的人不行,机制还是到不了位。良好的机制有助于组织的科学管理,提高组织管理效率,实现从"人治"走向"法治",使对象或组织在激烈的竞争中立于不败之地。

2.高校教师教学能力形成机制释义

具体来说,高校教师教学能力形成机制是高校为教师教学能力发展而制定的实现方式、方法、手段及它们之间有效组合的总称,是促进教学能力形成的一个具体行动体系或方案,它由若干子机制构成,各子机制间既相对独立、合理分工,又相互影响、相互作用,共同演绎了教师教学能力形成与发展的轨迹。

3.高校教师教学能力形成机制的特征

(1)内在性

同其他任何系统一样,教学能力形成机制是能力系统的内在结构与机理,其形成与发挥作用完全是由自身决定的,是一种内运动过程,具有内在的运行规律。内在性能强调和体现高等教育的特色。

(2)系统性

教师教学能力形成发展是一个较复杂的工程,涉及工作的方方面面。高校教师教学能

力形成机制本身是多要素及属性构成的一个有机整体,应是一个完整的系统,具有保证其功能实现的结构与作用内容。机制的改革与发挥作用也不是孤立的,不能简单地以"1+1=2"来解决,不同层次、不同侧面因素必须互相呼应、相互补充,整合起来才能发挥作用。系统性有利于以全局、整体观点强调教学能力形成的复杂性。

（3）客观性

教学能力形成机制的类型与功能是一种客观存在,是不以任何人的意志为转移的。教学能力形成机制一经形成,就会按一定的规律、秩序,自发地、能动地诱导和决定系统的行为。强调客观性有利于对教师教学能力形成机制的重视,任何有意忽视或淡化教师教学能力形成机制的建立与作用发挥是违背高等教育发展规律的。

（4）发展性

教学能力形成机制是由组织的基本结构决定的,只要改变组织的基本构成方式或结构,就会相应改变机制的类型和作用效果。教学能力形成机制也是发展的,因为高等教育教学与市场需求是变化的,作为孕育或孵化教师教学能力的机制系统应反映这种变化,以适应高校教师教学能力的发展要求。

（5）实用性

教学能力形成机制的显著特征是要有实用性或应用性。机制一旦建立,就能优化资源配置,支配教师教学行为或规范教师教学行为选择,创新并激发教学能力自我发展的积极性。强调实用性有利于克服和解决目前高校教师形成发展过程中的各种现实问题,并为教师教学能力发展提供长期指导。

（二）高校教师教学能力形成机制的制定原则

高校教师教学能力形成机制不是一个抽象的概念,而应是一个可以物化的实体,是一个可操作对象的客观和实体存在。高校教师教学能力形成机制研究就是要探索这种客观实体的构造、功能及其表现,探索实体构成因素间相互影响、发挥功能的作用过程和作用原理,以组织这些实体构成因素成为完整的对象组织并发挥功能作用。

高校教师教学能力形成机制构建时,既要考虑各构成因素的差异和功能作用的不同发挥,也要考虑他们之间的联系。研究和构建教师教学能力形成机制,应遵循以下原则。

1.人本性原则

随着社会文明的发展,以人为本的理念不断深入人心,成为社会管理中普遍认同的基本原则之一。所谓人本性原则就是一切要以人为出发点、以人为归结点,"所要强调的价值不是人的工具性价值,而是强调人本身就是最高的价值,人的尊严和自由本身就是目的"。

传统高校管理制度主要以教师为管制对象,强调事情本身,而忽视教师的个性发展以及对教师的人文关怀。高校教师教学能力形成机制的构建必须体现人本性原则,把尊重教师教学,关心教师成长始终放在首位。必须满足教师的基本教学需求,尊重并容纳教师个性,开发并利用教师发展潜能,营造和改善有利于教师教学能力形成发展的环境。

2.公平性原则

为了激发教师教学能力提升的积极性,在构建相关机制(如待遇机制、激励机制等)时一定要注意其内部、外部的公平性。只有这样,机制才能发挥其正面能量效应,才能充分激发高校教师教学能力提升的动力。

3.发展性原则

高校教师教学能力形成发展是一个持续不断发生变化的动态过程。无论是对于教师,还是对专注于教师教学能力发展工作的管理人员,都要认识到教师教学能力发展与高等教育发展一样,始终是一个持续性和长期积累的过程,永远没有终点,并在由低到高、由浅入深的规律中,以及在教师个体和学校总体两个层面上,呈螺旋式上升势态,不断进行高度上的提升。

在构建高校教师教学能力形成机制时,必须体现出发展性。可根据高校教师已有的发展水平,不断设置合适的目标和适宜的"最近成长区",促进教师教学能力的不断发展。发展性原则特别强调机制构建或运行时的开放性原则、动态性原则和可持续性原则,避免机制制定时思路的狭窄性,而应着眼于机制未来发展变化以及内部本身的一些变革,对持续发展要有科学的预期性。

4.可行性原则

机制的品质贵在可操作性,如果机制的设定脱离了实际,那么机制就不存在可操作性。根据高校教师教学发展的阶段性理论,教学能力形成机制的构建需要分别针对每个阶段的教学能力发展需求,建立出有针对性的发展机制。需要从教师教学发展的实际出发,追求机制实施过程中的易操作性以及实施效果的有效性,机制设计过于简单或者过于庞杂都很难收到机制应有的本意。同时,机制的制定必须考虑学校的承受能力,即在人、财、物、体制等方面的承受能力限度。指标的选取应该是简易而不简化、通俗易懂、可以测评的。指标的实现也应是量力而行的,不能脱离实际。只有这样,才能以保证构建出的机制具有良好的应用效能。

二、高校教师教学能力形成机制的结构与内容

高校教师教学能力形成机制由结构与内容两部分构成。结构反映了机制的宏观构件及其若干子机制间的逻辑关系;内容则体现了机制包含的行动准则、行动方向和可实施的操作行为。对教学能力形成机制的研究可以从结构与内容两个方面展开,结构和内容的研究在于化抽象为具体,在于探索子机制间的逻辑关系和机制实现的着力点,以有利于机制的具体形成与作用发挥。

(一)高校教师教学能力形成机制的结构

高校教师教学能力形成机制在结构上可划分为五大子机制,这些子机制分别是:动力机

制、运行机制、促进机制、控制机制和保障机制。

1.动力机制

现代高校教师管理倡导从传统的人事管理向现代人力资源管理和开发管理转变,其目的是体现以人为本,尊重教师自我发展与自我实现的愿望,促进教师内在积极性、创造性和潜能的开发与发挥。从本质上讲,就是激发教师发展的动力之源。

在现阶段,我国高校教师职业具有相对特殊性。其特殊性在于目前的办学体制下,教师教学水平高低、教学质量好坏并没有严格的衡量与评价标准,也不会产生明显或严重的后果,对高校生存与发展影响不大。因此,高校教师职业是一个良心职业,教师教学行为的自觉、自制很大程度上源于内心的情意与激情,教师教学能力形成发展也很大程度上源于内在动力的激发与作用。基于此,重视高校教师教学能力形成发展的动力机制就显得尤为重要。

动力机制是指系统动力的产生与运作机理,是促进高校教师教学能力形成发展的"动力"系统。探索教学能力形成机制首先要追根溯源,寻找动力之源,找出动力之根本,然后再将其转化为最直接、最现实的内部推动力量。

那么什么是高校教师教学能力形成发展的动力之源呢?考察教师教学能力形成发展的影响因素、条件与过程,可以充分证明,教师教育理念和对职业教育的认知决定了教师职业态度和专业精神,教师的职业态度和专业精神又决定了教师的责任和情感,教师的责任和情感又决定了教师对教育工作投入的深度或强度。教师的职业态度和专业精神不仅能决定教学能力的发展进程与演进方向,还能最大程度上引动或调动促进教学能力形成发展的一切积极因素,因而理所当然成为推动教学能力提升的动力之源。

我国教师发展动力多来自外部环境要求,并非是教师主动要求。所以我国教师教学能力大多是随环境而呈自然成熟的状态,而非通过自主努力、主动发展而获得的。这就要求学校通过一些机制(如评价、在学习共同体中的反思)等,唤醒和强化教师自我发展意识和意愿,引导教师形成自主发展的内在需求,形成培育教师教学能力发展的内在动因。

2.运行机制

运行机制是教学能力形成发展的"驱动"系统,由保障教学活动正常进行,并在教学活动中驱动教学能力形成发展的系列法规及规章制度组成。这些法规制度效用和效能的发挥依赖于具体的教学实践行为与教学过程。

运行机制是高校教师教学能力形成机制的核心内容。运行机制在促进教学能力一般性和常态性发展过程中具有以下作用。

(1)开启自觉态度

开启教师自我实践行为的意识,开启教师自觉提升教学能力的态度与精神。因为只有基于自主提升需求的发展才可能是持续、高效的,才有可能根据个体的差异性自适应地调节实践的行为方式与时空,才有可能进行自觉反思和自我觉醒,发挥主观能动性。

（2）监督与引导

监督与引导能修正并改进教师教学不良行为，促进教学行为与过程的规范，帮助和引导教师改进教学程式，通过对教学质量的监督提高教师对教学的重视。

（3）评教评学

评教评学能促进教师对教学的认知和对教学缺陷的自我修正。一个好的评价本身必然是促进教师教学能力发展的外驱力，这种外驱力在与教师的不断互动中会逐步被自我接纳，形成一种渗透于教师身心的内驱力。

（4）管理与检查

管理与检查主要是规范课堂教学与实践教学过程的各个环节，减少教学及管理中的不规范现象，增强教师和教学管理人员的岗位责任感和质量意识。

3.促进机制

促进机制是高校教师教学能力形成发展的"助动"或"助力"系统，是在实施运行机制的基础上，再借助外部"助力"系统来加速教师教学能力形成与发展的措施。唯物辩证法告诉我们：外因是事物变化的条件，内因是事物变化的根据。促进机制是促进教师教学能力形成发展的外部条件之一，这个条件可调动系统活动主体即教师的积极性与创新性，形成教师自身成长的动机和自觉成长的自动力，激发教师发展的潜质与潜力，发挥教师主观能动性和教学积极性。教师教学能力促进机制具有以下的作用。

（1）激励

激励就是学校引导教师行为方式和价值观念的过程。行为科学认为，一个人在没有受到激励的情况下，他的能力仅能发挥 $20\% \sim 30\%$，如果受到正确而充分的激励，能力有可能发挥到 $80\% \sim 90\%$。激励机制是教学能力形成发展的主要辅助手段，能控制和调节教师的行为趋向。激励包括物质激励和精神激励，其中精神激励又包括目标激励、理想激励、情感激励、榜样激励和荣誉激励等形式。高校要把握激励策略的艺术性，科学把握激励的"时""频""度"，因人而异并合理地使用激励手段，保证激励的公正公平，提高激励的实效性。

（2）劣汰

劣汰是一种负性激励，是一种施予教师成长的外部压力。一般说来，教师内心较为敏感和脆弱，劣汰的压力一定会激发教师特有的自尊和自信，以及追求真理、实现职业价值的品质，从而自觉调整自己，变压力为动力。在目前体制下，劣汰的效果往往比激励效果更为明显，诸如岗位择优聘任、末位淘汰等机制，如果真正能在现代高校中得以实现，将极大地震撼教育的现状，触及教师的灵魂，促进教师专业发展和教育教学的进步。

（3）助长

助长实质是对教师教学活动形式进行时空重组，拓展教师教学能力形成发展平台。助长机制是高校教师教学能力提升的最直接外部推动力之一，其方式可以是通过某种干预形成的直接推动,如教学研究活动、教育研究活动等;也可通过搭建平台,在多方互动中形成间接推动,如开展第二课堂活动、开展教学社会服务等。这两种推动力量往往是交叉与融合的,是相互依存的一个整体。

4.控制机制

控制机制是对系统行为进行限定与修正的功能与机理,是系统活动有序化、规范化的一种组织保证。控制机制是教学能力形成机制正常和高效运行的"操控"系统,履行着决策、管理、整合与调控功能。教师教学能力控制机制具有以下作用。

(1)要素的整合与优化

教师教学能力培养是一个长期和复杂的过程,培养的行为、过程、资源、环境、机制等要素的相互作用关系需要组织不断进行整合与优化,才能保证教师教学能力有效和顺利发展。控制机制能对促进教学能力形成发展的多种资源,以及教学能力形成发展的行为、过程、结果进行不断整合与优化,以充分发挥资源潜能,保障教学能力形成发展的环境和条件。

(2)机制的管控和调控

在整个机制运行过程中,控制机制行使机制的组织管理职能,控制机制的实施条件、方法、手段和技术,并对系统决策、运行、监控和反馈环节进行总管控,以提高机制运行效率和能力形成发展的效率,保障机制的顺利实施与高效运行。

(3)传统的解构与重构

传统能力培养机制有许多思维定势,极易成为新形势下教师教学能力发展的障碍与干扰。控制机制能解构传统,克服定势干扰,革除机制中不合时宜的成分,破除机制实施过程中的行为惯性与惰性,化"负面干扰"为"正面影响"。所谓重构,就是要重组程式,突破传统时空框架,对机制进行研究创新,以释放活力,激活动力,促进机制向规范化、科学化和现代化发展。

5.保障机制

保障机制是系统活动的条件保障与资源环境保障,包括物质条件和精神条件。高校教师教学能力形成的任何机制,其实施的过程与成效,都是建立在环境与条件保障基础之上的。高校教师教学能力形成发展的过程与效果,也与保障机制有关。这是因为高等教育作为一种特殊的教育类型,具有与普遍高校不同的教学要求,特别是教学的职业性、技术性与实践应用要求,以及对当今飞速发展的网络信息技术、现代教育技术的强烈依赖,都需要高校办学条件与环境的改善,正是在这样的需求下,保障机制成为教学能力形成发展最直接与最现实的推动力量。

(二)高校教师教学能力形成机制的内容

高校教师教学能力发展不仅涉及到社会环境、教育制度、办学条件等多方面因素,还与个人态度、过程与组织结构有关。从个人态度、过程、组织结构三个层次及共同体发展环境进行分析,同时在个人态度、过程、组织结构三个层次规划教师教学能力形成机制的一般内容,是教师教学能力形成机制的最基本要求。从这个意义上讲,高校教师教学能力形成机制的内容应是个体、过程与组织在教师教学能力形成发展中扮演的角色或实施的方略和策略。

高校教师教学能力形成机制涉及方方面面,其具体内容较为宽泛,各项内容在机制中发挥的作用与所扮演的角色也有所不同,因而可将高校教师教学能力形成机制区分为核心内容和一般内容。核心内容和一般内容的划分,有利于在教学能力形成机制的构建中,区分主次,突出重点,以点带面,提高机制实现的效能;也有利于在教学能力培养中,抓住重点,突出难点,提高能力培养工作的效率。

1.动力机制内容

(1)核心内容

现代高校教师管理倡导从传统的人事管理向现代人力资源管理和开发管理转变,其目的是体现以人为本,尊重教师自我发展与自我实现的意愿,促进教师内在积极性、创造性和潜能的开发与发挥。从本质上讲,就是激发教师形成与发展的内在动力。

动力机制的核心内容是激发教师教学态度与专业精神,这是教学能力形成与发展的真正内因或动力之源。要激发教师教学态度与专业精神,就要提高教师的政治经济地位,提升以人为本的教学能力发展核心价值观。

①坚持以人本主义为中心办学理念,提高教师地位。人是生灵,有思想,有感情,有感觉,教师以什么样的心态从事教学工作,关系到能否唤起学生内在情感,关系到学生学习动力,关系到学生"成人"的结果。

强化人本主义为中心的办学理念就是要实现和强化以教师为本,加强人文关怀,尊重教师与教学,形成尊师重教的教育环境和人人争当一线教师的氛围,提供教师幸福生活与工作环境;就是要实现以人为本发展的核心价值观,满足对教师职业的内生需要与个体成长发展愿景,推动教师在幸福职业环境中自我成长与激情发展;就是要加强教师职业认同感、归属感和对组织的向心力,真正让教师真切体会到职业教育的前途与价值,以培育教师的职业态度和专业精神,提升教师对专业价值的忠诚以及对教育的责任与敬畏之情。

一般来说,教师职业态度和专业精神并不是理想、虚幻的精神之物,而是表现在教师日常教学行为和工作过程之中。在目前的情况下,要培养教师的职业态度和专业精神,关键是要着力改变目前以"官本位"为轴心的管理体制与分配机制,重视教师的诉求并实现薪酬向一线教职工倾斜的伦理,真正提高一线教师地位和待遇。

②提高教师待遇,改善教师工作条件。随着岁月的积累,我国教师的薪金确实有所变化,但变化的幅度与频率并不尽如人意。所以一段时间内,不少教师纷纷跳槽、改行。要改变这一状况,建立一套优于其他行业的升职提薪制度是非常必要的。当教师的社会待遇提高时,其在社会公众中的职业角色形象就比较高,也容易吸引高素质的优秀人才从教,教师

队伍素质状况就能够有很大的改善,多数素质高的教师也乐于从教。同时,教师经济待遇的提高,能为他们解决切实的后顾之忧,能使他们安心工作,这对于教师业务水平的提高具有直接的推动作用。解决教师的社会待遇问题,组织在其中扮演着核心的角色并承担着基本的义务和责任。各级组织要下大力气解决教师的社会待遇问题,吸引优秀人才进入高校教师队伍,保证高校教师能安心从教。

(2)一般内容

动力机制的一般内容体现了组织、个人和过程在提升高校教师教学能力形成发展动力方面所扮演的角色及实施的方略和策略。除了需要教师本身对教学能力发展的最原始的、自我的、主动的意愿外,学校还可以通过动力机制,唤醒和强化教师自我发展意识和意愿,培育教师教学能力发展的内在动因。

①学校组织应构建思想与品德教育机制。教师教学能力一个重要内容就是思想品德素质,思想品德素质是教师教书育人的基础。要通过学习先进人物榜样,自觉提升教学态度,加强专业精神和职业责任意识。

②教师个人应制定专业与教学能力发展目标的阶段性或总体性计划。总结已有的能力发展水平以影响今后的发展方向和程度,用未来的发展目标支配今天的行动。要通过能力发展计划,鞭策教师行为,推动教师为实现其发展目标而勤奋努力,坚持不懈。

③作为动力机制,重要的是在过程中激发教师教学能力形成发展的动力。如在教学方面,要让教师体会教学价值与意义,形成职业教学意识与职业教学认知,提升教学态度与专业精神;要让教师体会教学相长的激情、培养对教学的热情与欲望,培养教书育人的乐趣。在教研方面,要提升教师教研责任意识,培养教研的欲望与专业研究的激情,提高教学学术研究的自觉性。在教学社会服务方面,让教师真切了解教学社会服务实际需求,创造条件让教师体验社会服务乐趣与价值,提升教学社会服务的意识,激发教师参与社会教学及专业服务的热情与自觉性。

2.运行机制内容

运行机制的具体内容是组织、个人和过程对提升教学能力所采取的日常行为与过程管理规定。运行机制是教学能力形成与发展的最主要机制。

(1)核心内容

运行机制的核心内容是强调教学日常管理,这是促进教师教学能力形成与发展的主要着力点,在教师教学能力形成机制中起着最核心的支撑作用。

(2)一般内容

①学校组织要构建教学行为与过程的日常管理机制,要建立健全相关标准、规范和制度,做好教师教学能力发展的顶层设计。

②教师个人要制定教学素质与能力日常提高计划。要通过进一步的教育学知识(条件

性知识)学习、学科专业知识学习、职业行为规范养成,提高教学基本素质与技能。要通过专业理论学习与实践,通过不断的反思与总结,逐步提升教学能力。

③教学是教师的中心工作,教师教学能力主要是在日常教学过程中逐步形成的,教学是教学能力形成与发展的主要途径。所以在教学能力形成发展过程中,主要是建立教学能力形成发展的行为与过程管理机制。建立教学督导机制、教学考核机制、教学日常管理机制等教学日常管理制度。通过完善教学管理制度,对教师教学行为与过程进行管理与约束,指导教师教学日常行为;建立素质良好的督导队伍,建立学校督导评、院系专家评、学生课堂评和教师自我评价体系,不断完善和改进教学督导方式,提高教学督导工作水平;要建立各种类型的学习、教学、合作团队,建立学院与系(教研室)一级教师的定期集体备课、教学研讨、相互听课,以及教师公开课制度,促进互相交流,并使这些成为提高教师教学能力和进行专业发展的良好平台;要建立教研日常管理制度,引导和指导教师开展教育科学与职业教学研究,开展理论与实践教学研究,开展新技术成果转化与应用研究,开展教学与区域经济及产业结构相结合研究等,并通过这些研究,提升高校教师教学学术水平。要建立教学社会培训和服务机制,建立教学与生产相结合服务机制,建立专业技术社会应用服务机制,并通过这些教学社会服务,提升高校教师职业教学水平。

3.促进机制内容

促进机制的具体内容是组织、个人和过程在促进教学能力快速与进一步形成发展方面所采取的方略和策略,促进机制是教师教学常规管理机制的有益补充,是在正常教学之外,通过制定相关的激励政策,引导教师自觉、主动、理性地投入到教学和人才培养工作中,促进教师教学能力的快速形成发展。

(1)核心内容

促进机制的核心内容应是教学激励,教学激励是促进教学能力形成发展最主要、最常见的方式与途径,是教师教学能力形成发展最直接、最有效的外部推动力量,能加速教学能力形成。

(2)一般内容

学校组织要构建促进机制的一般内容,要构建物质与精神相结合、正激励与负激励相结合的教学能力促进机制,要结合具体实际积极组织并管理机制的实施运行,保证促进机制正常发挥作用。教师个人要制定专业继续教育个人规划,要通过参加培训、进修和自我学习,促进教学知识与专业能力提高,促进教学能力提高。

在过程方面,要分别建立并实施教学、教研与教学社会服务的促进机制。

①建立并实施精神激励,如通过宣传先进教学典型、树立教学育人模范等措施,激发教师教学情感与热情。

②建立并实施物质奖励,如将教师教学表现与教师聘用、晋升、分配、名师、终身职位和

政治待遇联系起来,充分实施教学成果表彰机制,将极大提高教师教学的积极性。

③建立优胜劣汰机制,如建立岗位择优聘任机制、教学考核劣汰机制、学生自主评课与选课机制等,激发教师特有的自信与自尊,从而促使教师自觉提升教学能力。

④建立并实施助长机制,助长机制即是教师职业发展的环境机制。如通过教育教研活动、学术研究活动、第二课堂、传帮带、名师帮扶,以及骨干工程、名师工程、课堂教学卓越计划、教学竞赛等机制,能促进教师教学能力快速形成发展。

⑤要建立教师教研成果激励机制,促进科研为教学服务,促进教研成果的教学转化。

⑥要建立教学社会服务促进机制,如通过教学服务报酬、专业应用评优、社会服务政治回报等方面机制,促进教师教学社会服务自觉开展。

4.控制机制内容

控制机制的具体内容体现在高校教师教学能力形成发展过程中,为个人、过程所提供的组织帮扶与机制运行控制方面的方略和策略。控制机制重要的是联系实际,协调关系,与时俱进,实行强有力的有效管控,以保障教师教学能力形成机制顺利实施和高效运行。

（1）核心内容

控制机制的核心内容是教学管理组织结构,教学管理组织能对教师提供日常教学支持与帮助,促进教师不断改进教学方法与策略,从而提高教学能力。

（2）一般内容

①学校组织要构建促进教学成长的组织与管理机制。只有建立了这种组织与管理机制并保证组织管理的高效运行,才能推动教学能力形成机制在实践中具体落实并发挥作用,才能为教师教学能力形成发展提供支持与保障。

②教师个人要制定依靠通过组织帮扶与管理实现专业与教学发展计划,要依赖组织提供的条件与环境,在组织的指导与政策推动下,实现个人教学素质与能力的逐步提高。

③在过程中,首先要健全教学组织,实现对教学组织控制。第一,建立教师教学能力发展研究中心。该中心可通过研究教师教学能力现状及形成发展,提供教师教学能力形成发展的理论与实践指导,转化专业和行业发展成果,推动现代教学技术实践应用。第二,建立教学能力发展与支援中心。该中心可组织开展教学能力培养活动,有效跟踪、指导和控制教师教学行为与过程,接受教师教学问题的咨询,促进教师教学交流和教学资源成果的共享应用。第三,建立学院（系）一级教学团队。院（系）是开展教学的实体,是教师教学能力形成发展的主战场,院（系）可根据教学发展、改革与社会服务的需要,有计划地建立以教师为主导的各类学习、教学、科研和社会服务团队,积极组织开展第二课堂活动,促进师生在活动中相互合作与学习。其次要建立科研管理组织机构,积极组织教师开展教学研究,对教师教学科研进行管理,促进教研成果转化应用。其三还要建立教学社会服务组织与管理机构,对服务行为、过程与服务成果进行管理。

5.保障机制内容

保障机制的具体内容体现在高校教师教学能力形成发展环境条件的改善方面,体现在对组织、个人和过程(教学、科研和社会服务)环境改善的方略和策略上。

(1)核心内容

保障机制的核心内容是教学条件和环境的改善,因为教学能力主要是在学校环境中形成的,主要是在教学实践环境中发展的。

(2)一般内容

①学校组织要构建保障教学能力形成发展的环境与条件保障机制。环境与条件保障机制包括常规教学环境保障、职业教学环境保障和能力助长环境保障等。

②教师个人要逐步适应学校生活环境与教学环境,要制定计划,积极改善个人必要的工作和生活环境条件,解决教育教学工作后顾之忧。

③在教学过程方面,保障机制表现为以下几种形式:第一,常规教学条件的改善。要保障开展正常教学条件与环境,如学校教学软硬件条件的建设等。第二,教学能力助长环境的改善。即提供非正常教学能力形成发展方式环境,包括开展学习培训条件、校园文化环境建设、能力辅助提升平台的建立,如第二课堂活动环境建设等。第三,职业教学环境的改善。基于工作过程的环境,教、学、做于一体的软硬件条件,工学交替、校企结合、产教融合的生产实习基地等形成高校教学的特殊环境。第四,专业应用与教学服务环境的改善。专业应用与教学社会服务能力是高校教师职业教学能力的基本表现之一,要实现这种能力就需要有开展专业技术应用与社会服务的途径与渠道,就需要有相应的资源作为保障。为此需要搭好两个平台:校企深度合作平台与校企长效合作平台。第五,现代教学资源共享条件的改善。高校教师知识资源的整合能力、教师教学科研能力、教学创新与变革能力等是高校教师教学发展能力的基本要求,这种能力的形成与发展有赖于诸如现代教育技术平台、校内外资源整合与共享学习平台的有效建立。第六,校园文化环境的改善,大学需要精神与文化底蕴,良好的教师工作、学习和生活氛围,以及具有高校特色的校园文化与精神环境等,都能增强教师职业认同感和职业价值,对促进教师认真从教、终身从教具有重要的意义。另外,还要建立科研环境条件保障机制和教学社会服务保障机制。

以上分析了高校教师教学能力形成机制的具体内容,需要说明的是,在教师教学能力形成机制中,各要素的具体内容与要求、各要素作用强度与大小可能会因高校具体情况而有所不同,体系结构的划分也可能会因此而异,但这并不影响作为一个实体的教师教学能力形成机制对结构与内容属性的诉求。正如前面所述,将教师教学能力形成机制作为一个实体研究,除了化抽象于具体之外,还意在强调这个实体具有内在的运行机理,强调其构成因素不可分割的内在联系。

三、高校教师教学能力形成机制的构建与实现

高校教师教学能力形成机制的构建是指教学能力形成机制结构与内容的构建,高校教师教学能力形成机制的实现是指教学能力形成机制功能上的实现。

(一)高校教师教学能力形成机制的构建

高校教师教学能力形成机制(结构与内容)的构建是一个系统性工程,也是一个具体的理论探索与实践活动,更是一个长期和不断创新的过程。

形成过程如下:

第一过程,激活教与学的问题,整合、集约相关制度与资源,开发教学能力形成发展的基准机制,形成参考文献。结合参考文献,选择适当的教学干预行为、过程并进行初始化和有序化,并将其作用于教师教学、实践、科研与社会服务过程,观察、分析并检验阶段性效果。

第二过程,根据初步效果的反馈、评估与同行的分析评价,通过整合与集约实践活动结果,并对照基准机制检查与调整,重新构建并实施新的基准机制,并再次通过实践活动观察并检验其效果。

第三过程,伴随着第二过程实践活动结果,确定能力形成机制的核心问题,并再次进行整合与集约,形成基本理论,接受更广泛的同行与学术评价,并将结果进行发布、交流,形成具有普遍指导意义的参考文献,使之成为教师发展的"共同财富"。

(二)高校教师教学能力形成机制的实现

1.高校教师教学能力形成机制实现的制约因素

高校教师教学能力形成机制的实现是与以下三个制约因素相适应的。第一,高等教育中的主体和客体之间的制约关系以及功能不一样,所以在高等教育的运行当中,制约关系和功能不一样,运行机制的性质和特点也可能就不一样;第二,高校教师教学能力形成机制的实现是由高等教育的体制决定的,可以这样理解,在目前体制内办学情况下,高等教育的体制决定会影响高校教师教学能力形成机制实现的效率;第三,高等教育既是高等教育的组成部分,也是社会经济建设中的一部分,高校教师教学能力形成机制的实现会受到社会制度、政治制度、经济制度的制约和影响。

2.高校教师教学能力形成机制实现的"三原理"

在系统科学中有"三原理",分别是反馈原理、有序原理、整体原理。反馈原理是指任何系统要实现有效的控制并达到目的,必须通过信息反馈来实现。有序原理是指任何系统要想走向有序,就必须开放、有涨有落,并远离平衡态。整体原理是指任何系统要想发挥整体功能,必须通过相互联系并形成整体结构。因此,任何一种系统为了保持一种良性的动态发展过程就必须重视系统结构的合理性,做到及时准确地反馈实施信息,分析、处理系统中的各类矛盾,对系统进行监控和评价,这样构成系统的各个要素之间,系统与各个要素之间,以

及系统与外部环境之间才能够协同发展。

教学能力形成机制的实现和效能发挥是一个系统工程,教学能力形成机制具体实现(即贯彻执行)要把这三个原理作为此项工作的理论指导,并构建出由学校领导、部门指导、院系主导、市场引导、社会督导参与的教学能力形成机制实现的管理系统框架。

学校领导要在教师教学能力形成机制实现过程中发挥领导作用。高校教师教学能力形成是由学校领导并承担主要责任的,也是由部门领导具体组织并实施指导的。学校领导及部门管理团队的责任和素质决定教师教学能力形成机制实现的成败。

部门指导是指学校行政职能部门对教师教学能力形成机制及教师教学能力形成发展的管理和指导。学校行政职能部门具体负责教师教学能力形成机制改革与发展的实施,是学校宏观决策的具体实施者。可以说,部门指导是连接学校领导与院系之间的一条纽带,是保障教学能力形成机制有效运行的必要条件。

院系主导是指二级学院在教师教学能力形成及其机制运行时的自主权,属于教师教学能力形成机制中最直接的执行系统。教师教学能力主要是在院系环境中实现的,教师教学能力形成机制也主要是在这个系统中运行和执行的。

市场引导是由高等教育自身特点所决定的,它应归属于教师教学能力形成机制实现的外部动力系统。因为市场与行业对人才培养规格要求决定了高校教师教学能力的职业需求,并引导高校教师教学能力发展的方向与趋势,推动高校教师教学能力形成机制的有效实现。

社会督导是指高校教师教学能力形成发展的社会化督导评估,属于教师教学能力形成机制实现的外部监控系统。目前,我国高校教师教学能力评估还没有统一的标准和社会机构,督导评估工作基本由学校内部负责,社会评估的参与度较低,学生就职单位的信息反馈也不足,这样一来对高等教育的办学水平、师资水平及教学能力就很难做出科学评价,因此,引入社会督导系统,能形成对高校办学的有效监督。

从本质上说,高校教师教学能力形成机制是促进教师教学能力形成发展的一套制度体系,这个体系中的各种要素及其属性间具有相互联系与相互作用的关系,只有发挥他们整体的共同效能,才能从根本上促进高校教师教学能力形成发展。另外,教学能力形成机制(结构与内容)的实现也是一个长期实践并逐步改进的过程,教学能力形成机制作用效能的发挥也是一个长期坚持并逐步显现的过程。在这两个过程中,教育的责任与态度异常重要,如果没有责任与态度,教学能力形成机制不能真正实现,也不能真正发挥作用。

第四章　高校教师教学能力制度与创造力发展

第一节　高校教师教学能力的发展制度

知识社会中的高等教育机构由不同的知识生产的群体组成,工作、权力、信念作为高等教育的三个基本要素都是围绕着知识组织起来的,并形成了稳定与变革的知识制度。在这个制度创新的时代,中国的高等教育已快速进入大众化而迎来了快速发展、全面革新的挑战,以提高质量为内涵的中国大学的发展提倡以制度创新促进大学教师教学能力的发展。这就要求对当前大学教师教学能力发展的研究以教师的教学情境、教学事实、教学行为为基础,进而对各种影响教学的制度进行全面分析,即基于制度分析的角度或视野对大学教师教学能力发展进行多学科的研究。在此本文通过对知识制度的演化进行分析,找出大学知识制度的缺陷以及变革,找出其与大学教师教学能力之间的关系,并视这种相互关系为提高(或停滞不前、降低)教师教学能力的核心关键。

一、知识制度

知识制度背景影响大学的内部组织结构,决定了纵向一体化程度与治理机构,还决定了那些最有利于实现大学质量目标、大学教师教学能力目标、学生学业成就目标的各种融会贯通的办法。因此,要理解大学教学对哪些知识和技能存在多大、何种的需求,就必须对知识制度背景进行解释。

（一）作为权力的知识

1. 知识就是力量

知识自身的不断演化为自己不断增加价值,而大学教学的演化(例如考试方式、书写规范、评价标准)又促进知识及其权力所发生的生态系统的知识生产与知识消费体系的转型。知识作为权力,也反映出主体地位的不对等性,拥有知识量的不同使主体对他人、社会的影响能力也不同。

2. 知识为权力的制度体现

我国大学的哲学以政治论为基础,大学的权力结构主要有两大来源:一是政府行政体制;还有就是党领导的军队指挥体制。这两种体制的特点是统一性、绝对性和强制性,继承这种体制的大学管理必然具有一元化的倾向,而作为学术组织的大学在知识社会中的发展趋势是多元化的,其间矛盾的调和就应当从一元化的权力管理迈向多元化的权力管理,达到学术自由、自治的学术组织的功能。例如教学名师、教学优秀奖等教师奖励就是一种以知识为权力的制度体现,这种知识制度同时又将精英制度视为一种机制,组织只做5件事,即选拔、培养、提拔、扶持、表彰。目的是期望这些被精心挑选、重点培养的精英能够成为组织的先锋,领导组织前进。

(二)知识制度

知识和制度具有相互作用,好的制度选择会促进知识创新,不好的制度选择会将知识创新引离大学发展的轨道,或阻碍知识创新,制度的改变会促使大学教师知识增量的教学能力的发挥。

1.知识与制度相互制约

知识制度是社会总体制度结构中的一分子,它是参与知识活动的主体,基于知识活动的性质和各自的利益需求,经过长期的博弈,通过自然演进和人工制造的方式,形成的关于知识活动各种游戏规则的总称。在制度与知识二者之间,制度更容易成为"瓶颈",在制度的演进过程中,如果出现了较好的制度,则知识与制度可以良性互动,社会将建立扩展秩序;如果出现了较差的制度,则会出现锁入效应。例如,欧洲中世纪大学发展到成为现代化大学而没有衰亡,其中最主要的原因就是大学的内涵就是知识,在面对知识转型时不断地进行了制度创新。这一点可从大学制度和实验室制度得证,合理地解释现代科学为何在欧洲能够生根、发芽并茁壮成长。从某种角度上说,凡是与大学教师有关的制度都属于知识制度,而且与其他社会制度相辅相成、互相制约。

2.科学研究的制度化

社会学家默顿指出科学的精神特质是约束科学家的有情感色彩的价值观和规范的综合体,这种精神物质构成了必不可少的规范,在不同程度上被内化,成为科学家的道德共识。无私利性是科学的一个基本制度性要素,即许多科学家具有的求知的热情、好奇心、对人类利益的无私关怀和许多其他特殊的动机。

3.学术制度的规范

学术制度就是社会或学术共同体,是为保障高深知识的活动,为人类提供高深知识增量和实现价值目标而确立的系统的、用以规训学术活动的行为准则与规范,是一个国家关于高深知识发展的基本制度规定。学术制度包括国家层面的制度、学校层面的制度和学科层面的制度。在《中华人民共和国教师法》和《中华人民共和国高等教育法》等法律。《国家中长期教育改革和发展规划纲要(2010—2020)》的相关政策中规定了大学教师从业的基本资格和条件以及教师具有的教学的权利和责任,这种法律就属于国家层面的知识制度;每一个大学教师都不能独立于国家机构,正是政府行政权力的延伸使代表政府行使相关的权力来控制与管理大学教师,并制定系列的教师人事制度、科研制度、教务管理制度、奖惩制度、教师发展制度等；学科是大学教师的根本，是大学教师工作的基础，是生产和传授高深知识的场所，每个教师都依附于某一个学科，深受学科的影响和控制，如此以学科为根本的学术共同体制定的规则对于教师的行为有着直接的影响。

4.知识运行的制度逻辑

对学科的知识运行问题进行分析可以得出两种看法，一种可以称为知识逻辑决定论，另一种可以称为制度逻辑决定论。知识逻辑决定论的思想内核是学科的知识运行完全是受其自身逻辑支配的。制度逻辑决定论则认为：制度化状态下的学科知识运行过程具有强大的规范与控制功能，并不完全受控于知识逻辑本身。知识以制约机制为依托，制约机制以知识为载体，其结果是知识在生产、再生产、流通、消费等方面有了高度的制度化倾向，这种倾向必然对教师的职业工作和学生的学习、生活等一切教育活动产生严格的内在规定性。由于知识与制约机制的高度协同而形成的对教育活动的规定性就是知识制度，在学校教育中，它主要反映在对知识的筛选过程、分配取向、考察方式和对教师职业行为的严格规约上。例如学科制度化，即当学科完成了自身在知识空间的系统化建构之后，还要外在的社会建制，如按学科成立学会、收藏图书、出版期刊，特别是在大学里设置相关系科或学位授予点以进行人才培养与科学研究。这一过程通常被视为学科的制度化进程。学科制度化的首要任务是建立学科的知识运行机制，借以对本学科的知识领域和价值标准提出要求，从而对本学科的知识生产方向、生产过程和生产结果施加影响。

范式就是学科知识运行的制度逻辑规范的结果，同时也是行为规范。例如教师教育学科知识的演变是从库恩模式入手，在解读库恩范式理论的基础上，提出了教师教育范式，指出实现教师教育范式转变的根本原因是知识观的变革。而狠抓知识观所导致具有工具理性特点的教师教育范式，使教师教育出现了理论脱离实践、科学背离伦理的危机。只有在与知识观对话的基础上建立起具有交往理性特点的教师教育范式，才能克服工具理性教师教育范式的危机，而且交往理性的教师其教育范式已初露端倪。在大学教学过程中，知识逻辑为学科知识的教学提供行为规范。

（三）知识制度与大学教师

知识制度与大学发展具有内在的关联，在大学教学运行过程中对大学教师、学生等主体的行为起着重要的约束作用，对大学教师教学能力的提升发展着重要作用。大学教师的教学活动受到知识制度的影响。

1.知识制度与教学自由

在各类知识制度的实施中需要采取一定的预防举措，从某种形式来看，似乎是给予了教师更多的教学自由度，但是事实却是反而削弱了教师真正的教学自由。大学教师教学能力发展需要的是一种自治制度，即随着变化而建立、伴随知识社会发展的脚步不断做出与教师的教学意愿相一致的调整的制度。简单地说，只要能够给予教师的统统都还给教师，把教师培训、培养、发展在内的各种活动和工作的组织、实施、评价等，即全部教学交给教师，使立内发地形成一种自我管理原则。在新知识观的视域中，知识不再是异己的力量、学习的重负，而变为精神的财富、思想的资源，学习者不再是接受知识的奴隶，而成为知识创新的主人。大学作为一个底蕴厚重的学术机构，其组织系统呈现为松散联合的特征，且各子系统中的教师所拥有的专业知识、处理专业知识技术有巨大差异，仅仅依靠统一强硬的教学管理制度根本难以达到理想的管理效果。

2.知识制度的偏见

大学教师虽然以"学术为志业"，但在追求知识的演化过程中，学科知识的连续性、稳定性与权威性也会受到知识进化的挑战，同时学术人力资本价值也会缩水。因此在利益冲突时，知识制度存在着一种必然的倾向，对知识传承、知识生产、知识交易等行为设置苛刻的规训，这也就使学术体制成为偏见的生产地，建立虚假的权威。

二、知识制度影响大学教师教学能力的发展

推动大学教师教学能力发展的动力学机制是大学的基本理念——对知识传承、知识生产、知识应用的追求与渴望，教师教学能力发展的提升由知识制度的演化后决定，最后形成一种适合大学教师进行知识传承、知识生产与知识应用的复杂的教师教学发展系统。大学教师教学能力发展按照知识制度的逻辑运行，形成具有知识性和制度化的两种规范性力量的教学能力发展的教师教育机制。不同的知识制度规则将会对教师教学技能与知识产生不同的激励，特定的教学制度则决定了教师投身于哪些教学活动是有利的、可行的，而且通过如教学监督、管理结构以及教学组织的灵活性等要素，提升大学的教学质量和与大学教学的内部结构相适应的大学教师的教学效率，所以知识制度的建设与发展着重于可以鼓励大学教师提升教学能力并用于大学教学的规则，并以此为契机培训大学教师的家学创新能力，对于以教学质量为核心的大学来说是相当关键的。

（一）大学教师的教学知识与能力

针对教师的专业知识与能力来源已经有了众多的研究，目前比较一致的看法是四种来源途径：第一种途径是学科知识的学习更新与提高，这是教师专业的本体知识，但研究表明，教师的本体知识与教学成效并不是线性关系；第二种途径是教育理论学习与积累，这是作为教师的条件性知识；第三种途径是教学案例与经验的学习与总结，这是教师专业最为重要的专业知识，教师通过教学实践积累此类知识，并随着此类知识的积累程度而进行更深度的教学反思后提高教师的教学能力；第四种途径是教学与课堂的研究、教学智慧的形成。

1.学科教学知识

在教师教学的知识基础中处于核心地位的学科教学知识实质上就是一种技能性知识，即教师面对特定的学科教学内容和活动时，如何针对学生的不同兴趣和能力，将学科知识加

以组织、调整与呈现,并采用恰当的方法进行有效教学。大学教师能否成功地存在于某个大学中的一个重要的能力就是拥有学科教学中的默会知识,例如师生沟通与交流能力、对学科教学法的学习和运用能力等。教师掌握知识显现出的是对知识的理解、解释和应用,达到教师与知识的相互融合,教师本身也就是一个知识体。作为知识共生体的教师向学生传承知识,此时呈现给学生的知识也就有了具体性。在这个过程中,知识的传承与技术的革新都包含两种属性:一是显性的,二是隐性的。其中隐性的知识与技术只能通过透视其掌握者才能间接地观察与领悟。学习者在学习活动中,通过细微地观察、精妙地模仿教育者的行为动作、身体语言等内隐于教育者身体的知识与技术进行有效的学习。这就是一种教学的运行机制,对学习者来说是一种非正式的约束,而相对于教师这种非正式约束却反映了内含教育学意蕴的教学智慧、教育智慧等。

2. 教师技能性知识

教师技能性知识是指教师在教育教学活动中根据相关理论和规则知道如何去做并能对具体情况作出及时回应的知识。技能性知识需要通过"做"的过程,经历从"做"中学,才能真正掌握。因此,教师技能性知识不是单凭学习几门教育理论课、听专家讲座或是请优秀教师介绍经验就能掌握的,而是需要学习者自己去行动、去经历、去体验,需要有自己身体的感受和对行动的把握。教师技能性知识的情境依赖性决定了学习者不可能脱离具体的情境学到技能。如果教师教育只是让学习者外在于教育情境接受一门学科专业知识和教育教学知识,那么即使这些知识再丰富和高深,也不能表明学习者就一定掌握教育教学技能。教师技能性知识是言传知识与意会知识的融合,既具有言传性——部分内容是可以通过语言来表达的,也具有意会性——有些内容只可意会而无法用语言清晰表达。教师技能性知识具有较强的文化特征,它不仅由一系列的概念、规则、程序、操作等所构成,还与的文化观念和背景有关,或者说一定的文化观念问题渗透、弥散在相应的技能性知识中,虽然看起来并不明显但的确存在并深刻影响甚至决定着技能性知识的最终形成。因此在教师教育或培训过程中,给学习者提供的机会十分重要,讲授技能、演示技能、组织教学技能、班级管理等技能的形成需要学习者参与到相关活动中去讲授、去演示、去组织和管理,需要他们采取一系列的行动从做中学,而不仅仅是充当"静听者""旁观者"来了解、认识教师技能性知识。

(二)知识制度对教师教学行为的影响

大学教师的教学行为选择要受到知识制度(如大学教学管理制度等)及大学教师对它认识的影响。知识制度作用于技术进步,还有一个十分重要的领域,就是知识制度对人的学术自由或自主性的影响。基于行为主义心理学理论,人的行为模式可以概括成"刺激—认知—行为",因此,在屏蔽掉其他因素的影响后,大学教师的教学行为模式可转化为"知识制度—认知—教学行为"。大学教师的教学行为选择会受到与其密切相关的知识制度的影响,知识制度已成为影响大学教师教学行为选择的关键因素。

当越来越多的事实表明一个好的教师的教学有助于促进学生的学习成绩时，教师的教学能力对于学生学业的成功产生极大的影响时，教育政策的制定者、教育机构的管理者、教育理论研究者及学生家长都将学生学业的成败寄托给教师。因此，一系列新制度经济学中的问责概念，如工作绩效、教学效率、教学有效性等成为教师专业发展的关键词，教师教育政策也自然导向一般性、自外而内的契约和视导、测试等问责机制的构建。但是，"监管型"与"惩罚型"的大学教学管理制度对大学教师教学行为的影响是有限的，由于大学教师的教学工作没有固定的流程、步骤和固定的劳动规则，对其教学劳动过程难于直接监控。因此要保证大学教师潜心教学，履行好教书育人的神圣职责，就必须承认大学教师在知识制度中的主体性和合理需要，并制定切实、有效的管理制度来引导大学教师主动、积极地提升他们的教学业务水平和责任心。

对影响大学教师教学行为的知识制度进行教育意义上的考察，基本上可以将其分为"善"与"恶"两个方面的内容。在"善"的方面，制度的完善与创新是教师教学能力发展的重要资源，它可以增强教师的教学自由、自主意识、权利自信，提高教师教学的积极主动性，促进教师重视本科教学的职责，从而提高教师教学能力发展的层次。在"恶"的方面，制度的缺失与保守则成为阻碍大学教师教学能力发展的囚笼，因为其以控制教师的教学为目的，会抑制教师的教学能力发展，也就是对教师个体资源的无情榨取，使教师在教学中成为冷若冰霜的、丧失自主的教学工具，使教师的自身发展出现逆发展；恶的制度的保守特征是制度创新的最大的竞争对手，教师在此受到鼓励或强调是因为该制度只局限于工具能力的发展之内，而个体的独立思考、理性探究、科学批判、怀疑精神等都是该制度排除在外的内容，因而"恶"的制度就没有促进教师教学能力发展的动力。

（三）非正式约束的大学教学

在一切社会，从最原始的直至最先进的，人们无不在自己身上施加种种约束，以此来为自己与他人的联系提供结构。尽管（绝大多数）非正式约束无法详述，且对其显著性进行无争议的检验也是特别困难的事，但它们却是重要的。

1. 大学的非正式约束

过去的大学存在的非正式约束使教师在正常的教学过程中不再需要费尽心机、随时随地地考虑每次教学的资源与条件，在此可以用教学常规、教学习俗、教学传统或教学惯例等词汇来提到这些非正式约束在大学教学中的存在。中世纪的大学在所谓"就职礼"的仪式中，已经包含了这样一种观念：过去的学生要想成为一名教师，就必须得到既有教师社团中的一位或数位教师的首肯，然后被这个社团所接纳。

所以学术自由作为一个习俗、惯例，也成为大学教学中的非正式约束。学术自由不仅是学者的基本权利，也是那些在掌握高深学问的技术方面受过训练的人的特权，这表现在：选择授课科目的自由、选择研究项目的自由、得出自己关于真理结论的自由。而学生的学习自由使得学生形成个体的独立思考的学习方法和学习习惯,并充分地体现在教授的教学自由之中。在教学制度的演化之中,非正式约束要求国家与大学理应保护教师的教学自由,因为真正的教学自由使得大学教师更加充满着情感而关怀学生,在思想上与学生平等地沟通与交流,进而能够在教学反思上成功地进行教学方法的新的尝试。

2.教学能力的非正式约束

这种"就职礼""教授资格考试"等习俗与惯例对大学教师的非正式约束一直延续至今,通过对大学教师教学能力某些政策的制定就可以看出。如在国家法律的层面进行分析,关于教育教学能力的相关规定是鲜有提及的,只有《中华人民共和国教师法》第十条用了"有教育教学能力"七个字而已。在省级地方教育管理部门的规定中,虽然越来越多地要求开展有关教育理论和教学技能的考试与培训,但将专业能力与教学能力等同的政策还是沿袭至今。虽然说我国教师资格考试中的教学技能考试的时间只是十几分钟说课或者片段模拟教学,通过区区十几分钟来评价一个职前教师的教学能力是有失公正的。在有限的时间里,对职前教师的表现采集一些原始的印象数据,并以此作为评价根据,是一种随意的、不严谨的行为。但是并不能因为这样而将专业能力取代教学能力。对职前教师而言,教学能力的评价是获得教师同行认可的重要过程,是被赋予知识权利的关键,但是现在有关免考的规定、免考政策却甚为流行。

(四)正式约束的大学教学

1.教学管理的科层制

强制的教学管理制度是实为科层制及权力集中的一种组织结构,在招募各类学科的教师中,各个学科教学团队与研究团队服从院系、处室等规划而必须进行的课程开发与学科教学,接受按比例分配的学分、课时、工作量的统计。自愿的教学管理体系则为市场配置、知识共享的扁平化组织结构,即学校的总体目标以最小化的中介进入到课堂教学之中,教师用自己的教学换取应得的奖励,而且教师具有自由的主观选择性,选择课程内容、教学方法、教学评价等,并在事先告知相关的管理机构。我国高校教师制度涵盖了教师招聘、晋升、薪酬、评估等各环节。教师聘任制下教师与高校之间劳动关系市场化的特征日益凸显,教师任用制度由"计划调配"转向"合同聘用",教师工资制度由"刚性工资"转向"弹性工资",社会保障及福利制度由"国家保障"转向"社会化运作"。高校与教师之间的劳动关系已由身份管理下的行政关系转变为平等的以契约为中介的劳动关系。在这一过程中,由于法律制度供给不足,劳动关系市场化的形式与其实际运作存在很大偏差,严重影响了聘任制的顺利实施。政府相继发布了"教师职责的规定""教师教学工作日、工作量的规定""教师职务的提升""特级教师的评选""职责与考核"等相关文件。

在现代各种权利制度中,有一个原则叫书写中心主义,它意味着权利越来越要通过书写来行使,知识越来越要通过书写来传递。现代的组织及个人都是以书写为中心,另一个原则就是把一切(包括一切新的书写形式)纳入考试及评级之中,这也算是可算度性原则。分数就是可算度性原则下的无形的技术,它不单是给予表现一个数字,更给予某个人一项价值。社会的竞争性使人们只能依靠表现及客观的评审,因此就出现了可审计性的双重约束力。因此,建立教师评审制度及特定的小组考核,按照考核体系中的标准对教师的教学素质、教学效果、课堂管理、教授法等进行打分,这种评审制度可以帮助学校管理方系统地比较教师的效能。换句话说,多数教师的学术生涯及前途均取决于此类教师评审制度与过程。

2.教师教学过程中的正式约束

教师的教学过程中的正式约束有教师标准及认证体系,标准及认证体系开发的核心价值观是支撑对教师工作进行详细描述的标准的基础价值观,是对所有教师——无论其专业领域的所教年级——应知应会的核心要求。

大学教师教学过程中的正式约束还指存在的隐性规范力量或内部制度。这些因素既隐藏在物质方面(如建筑物的配置、技术和学习工具等),也隐藏在社会方面(如组织类型、行为模式、力量对比、冲突、紧张气氛、权力和权威等)和"无意识"方面。在学校的隐性规范力量的基础上,创新是不可避免的,并通过在实际中挖掘教师教学能力的新功能、教师教学的新地位和新规则来巩固这些关系。这种注重改组教师教学研究组织和教师间的人际关系,或要求对学校教育中科层组织进行干预的教育派别,其重视制度的实践,完善教师发展的相关制度,建立、健全统筹协调机制,加强学校内部相关管理部门之间与其他机构之间的沟通协调与协同规划,从制度和机制上保证教师教学能力发展的连续性与协调性。

3.大学教师教学过程的激励

正式约束对大学教师的教学能力产生影响,比如激励机制明显影响大学教师的教学行为。因为大学教师提升教学能力而所要获得的PCK(学科教学知识)、教学技能以及学问的类型,反映了蕴含于制度约束中的报酬,也就是激励。以大学开展的各类教学竞赛为例可以说明,教师的教学能力以及他们有关教学竞赛的学科知识将是决定性因素。在规则相同的条件下,新手教师与专家型教师相比,存在巨大的差异,这种差异性就在于新手教师与专家型教师所呈现的可沟通知识与默会知识的程度不同。默会知识可以通过实践活动得到,但只能进行某些程度上沟通。不同的教师获取默会知识的天分有所不同。教师不可能只凭教学理论就能完满地上好一堂课,而是仍需要接受各种教师教育、教学培训。其实就算经过了师范教育、教学培训,教师之间的教学能力的差别仍然很大。当然,适用于大学教师教学能力的道理也同样适用于其他各种各样的技能。教师作为参与大学教学过程中的行动者,有一部分教师对奖励(或不惩罚)其教学行动的一系列激励措施感到满意,由此而产生非持续性的教学效果。激励超出了物质奖励或惩罚的界限,能够使教师知觉到在教学结果上的积极和消极影响,这种知觉产生于以特定的知识团体和大学为背景并在一定制度范围内实施的教学行动。

三、大学教师教学能力发展制度分析

(一)大学教师教学能力发展制度变革路径

高校教学改革的浪潮席卷全球,必然导致教师教学能力发展制度的变革。事实表明,大学教学制度变迁的动力来自学校管理者的大学理念、教师温和的教学观与课程观,还包含来自少数教师与管理者激进的教学态度。

1. 自上而下

自上而下的教学制度的创新是科层制的体现,是一种强制实施的指令性的教学制度演化过程。变革时代大学期望教师具有某些新的素质,秉承学术职业特点的同时,能够有效地回应社会和教学改革。学校的教师教育培训活动的目标在于"做中学",学校会及时有效地加大在教学技术和知识上的投入,制定多种规范来鼓励教师投入于那些能间接地提高他们的教学能力的技能与知识的活动。因为学校教学管理者从管理的角度认为通过这种自上而下的管理,促进教师技能与知识的持续增长是提升教师教学能力的决定性因素。这种自上而下的制度管理在教学资源的配置中尤为明显,因为校长与院系中层教学管理者掌握的教学资源远远多于普通教学管理者与多数的教师,大学校长或者学校的教务处长的教学理念在教学制度中的反映,比一个普通教师的教学理念对某一大学的教学质量的影响更甚。只是现实的情况是,自上而下的制度变革日益增加了教学工作的强度,教师只能以有限的资源去面对教学管理带来的巨大压力,越来越受控于规定详细的教学改革项目、指令式的课程以及步骤明确的教学指导。此时的教师由以往能够自主决策的专业人才降格为只需按照工作手册行事的技师。

仅以单一的、自上而下的教学制度的创新来规约教师,则会抑制教师自身在教学活动中的生命冲动,而导致其在参与教学时主体能动性不足与教学生命力匮乏,这样的教师教学能力只能是对大学教学理想的背叛。例如,教研室制度是由学校统一组织、院系安排的一种制度、组织行为,并体现了学校领导、院系领导的意志、学校的追求,其强调教师作为教学研究者在自身的教学活动中关注其问题所在,在教学实践中反思,并将反思运用中教学、学习实践,这样不断提高教师的教学能力,是一种典型的教师教学能力发展的制度安排。但随着以校为本、以专业为本的教研活动的深入发展,在学校内部、专业学科群教师间的信息差异将逐渐缩小,此类的教研活动的效果也就大打折扣。不同类型的大学的教研活动情况不同,但影响学校教研活动效果的主要因素包括对教研活动的顶层设计、以教研室为单位的教学研究活动制度的完善、引入新知识的渠道、激励教师的举措等,只有这些关键问题得以解决,教研活动的生命力才能延续并充满活力。大学教师知识资本功能的发挥与制度环境密切相关。大学教师劳动是自由自主的活动,如果大学教师在教学科研工作中只是被动服从,处处受到限制,他们不可能发挥自己的主观能动性和创造性。

2. 自下而上

自下而上的教学制度的创新则是自主性、生成性的反映,具有促使大学教师提升教学能力、参与教学管理、深入教学改革,为大学教学制度的创新提供理论支持与实践基础。自下而上的假设在于,大学教师是追求学问的无私的个体,这一点有时并不能得到解释。教师要在制度上下功夫,为校长执行教育教学工作提供决策咨询服务,而学校的行政权力要充分尊重学术权力,努力为学术发展创造良好的环境。教育教学制度的创新需要激发教师的学术职业的最根本的欲望——对知识的无限渴求,而实现教师的学术职业的最高理想——为知识而教。在教学制度的规约过程中,使得教师充满教学自信,拓展自己的教学认知,提升自己的教学能力,享有教学制度创新的激情与乐趣。教学制度的创新同时需要一定的教学实践基础,这种实践就是在大学教学一线的教师教学知识的积累与经验的总结,由于教师在课堂教学与某一具体学科课程开发时拥有教学自由的权利,他们能够敏锐地察觉到当今社会对大学课堂教学、课程改革提出的要求而做出相应的教学创新。当这种教学创新汇聚时——以教学学术研究、教学质量工程项目的形式呈现给学校上层并影响学校教学的总体方向和长远战略规划。

3. 上下结合

上下结合的模式呈现的是教师与教育管理者话语权的科学、合理的分配,即所有参与大学教学的主体都通过话语来呈现各自的权力,更能体现知识作为权力的象征。教师以掌握学科教学知识等作为参与话语权的条件,而教育管理者则以管理知识、教育理论知识实现自己的话语。因为完全的自上而下的大学教学体系对课程开发、教材使用、学分设置、评价标准、实施监督、教学规范、组织结构的完全控制与指令式的安排,最终会导致教学内容的片面性并致使教学制度创新的活力的消失,造成教学组织结构的单一性,制度调整的空间受到上层的教学管理者的控制。而在自下而上的教学制度的创新允许教学组织结构最基层的工作人员与教师能够进入教学领域的制度演变过程,启动一个开放的教学组织结构的演进过程。因此,在大学教学的全要素参与下的协同创新可以将这两种创新模式结合起来,上下形成优势互补,提高教学效率与教学质量,教师使教学能够在市场竞争的压力中生存并保持生机活力。

大学教师教学能力发展路径是教师资格认证、教师培训(新教师入职培训、教师入职后培训)、学术活动、教师自主学习等,通过这些措施,大学教师获得具备适应知识社会发展要求的教学能力,其中教师资格认证是大学教师教学能力发展的最初与最低要求,新教师入职培训是提升教学能力的关键环节,学术活动是教师学科知识更新与创新的重要保证,而教师自主学习与发展是教师教学能力发展的核心。

(二)大学教师教学能力发展制度创新规律

创新对知识社会中生产力发展起主导的决定性的作用,如果说技术创新以非常规的方式带动社会经济的快速增长,制度创新则是以非常规的方式唤醒个体的主观能动性而促进组织整体的竞争力。

1. 遵循高等教育规律

从高等教育的基本规律来看,教育的外部关系规律与教育的内部关系规律可以解释大学教师教学能力发展的现象、解决问题并对未来进行展望。大学教师教学能力发展过程中存在着内在逻辑与外在逻辑两种要素,内在逻辑是服从大学教师的内涵——探索高深学问、对知识的无止境追求,外在逻辑是形成于教师主体之外的教师发展系统建制——体现教师的依附性、知识的制度化。教学制度的创新可以提升教师教学能力,但是教师在教学实践中教学能力的提升并不一定完全始于"自上而下""自下而上""上下结合"的纵向路径创新,也可能来自一种"由内及外""由外及内""内外结合"的制度创新。此时的内与外是从时空的角度进行分析的,对时间而言,内是大学教师课堂教学中存在教师的共时性时间统计学生历时性时间的倾向,因为在人类的教育行为中知识被认为是共时性的,甚至是非时间性的(可以脱离个体时间在纯形式的意义上成立);但知识的发生过程,也即学生的知识形成这一内在经验,却是历时性的。

2. 内外结合的制度创新

如何处理好大学内部知识制度与外在知识制度的关系,为大学教师教学能力发展提供良好的制度结构和创设优越的制度环境是个难题。知识社会中的大学教学受到校外因素的影响,大学教师教学能力发展的制度创新也需要考虑校外的因素——外界知识与信息的注入。外部知识与信息的注入是指学校教师通过有组织的外出学习调研、外聘专家讲座、到企事业单位挂职锻炼等,教师能够将书本理论知识、大学课堂教学情境与社会对大学教学质量提高的要求紧密地联系起来。以教学为核心的学校管理的重要环节之一是制定并实施教师管理制度,只是当前教师管理制度主要体现在对教师教学工作中出现的问题及缺陷进行矫正式修补。如何建构更优化的制度,如何在修复问题回归正常状态的情况下,引导教师工作向更加积极的方向提升,乃是教师管理制度研究领域内被长期忽略的重要问题。大学教师教学能力发展的关键问题是教学与经验的融合并能自发更新,但是仅仅停留于校内、专业群内的活动会呈现收益递减。其原因在于知识势差的逐渐缩小而不能形成有效的知识流的知识共享机制,因此根据知识流而建立的知识共享创新机制是基于学校内部、专业群内的特征而促进大学教师教学能力发展。从大学来看,教师教学经验的交流机制、知识共享机制的建设、教师教学工作的管理机制、教师教学反思机制等,都可以不断形成新的知识与信息势差并有效延缓收益递减的速度。在知识维度上,大学更多侧重于垂直型知识目标,开发新的技术手段和知识内容,引领技术进步的潮流;政府更关注水平型目标,注重优质教育资源、新知识在整个社会的流动;在支持维度上,大学提供特殊知识和技术支持,政府提供一般性政策支持,企业负责向社会扩散大学的新技术和新知识;在执行维度上,企业属于地方性机构,政府负责规划布局执行,大学可以分别与企业和政府开展合作。

3.持续发展的知识制度

混沌理论告诉我们,一件细微的事情可能会不断地正反馈,循环累积至非常大的程度。如果把知识制度作为初始变量,则知识制度理论或许可以合理地解释不同时期、不同类型大学之间的区别,进而解释采用制度创新促进大学教师教学能力发展的可行性与必要性。大学教师教学能力发展必须基于连续的知识创新。在知识社会中,把受知识制度框架制约的大学教师教学能力的最大化目标与教学制度创新、知识进化等联系在一起,教学制度的创新对于大学教师教学能力的提高具有重大的意义,知识进化则是大学教师教学能力提高的基石。

界定教师教学机会集合的制度对教师的教学能力的约束是由正式约束与非正式约束共同构成一个相互联系的网络综合体,在不同教学环境下的不同教学能力体现由不同的组合方式所决定。所以说当知识制度处于稳定阶段时,也能使教师在教学能力发展时做出各种不同的选择。稳定的知识制度使得教师教学能力的发展要受到大量具体约束的影响,这些约束不仅包括法律约束(《教育法》《高等教育法》等),还包括行为规范(各类学校针对教师教学行为的要求等)。但事实是在大学教学过程中教师的教学能力表现于知识交易、知识共享等方面,对教师而言知识制度约束还足够理想或有效,因此基于重构知识制度而进行教学制度的创新,可以提高教师的教学能力与促进教师的教学行为的有效性。在教学制度创新过程中,教师的教学能力起着关键性的作用,因为这是教师与学校等组织就教学制度创新的谈判力量。所以只有当教学制度的创新对已经拥有较强的教学能力的教师在谈判中处于有利位置时,教学制度框架才可能会有重大突破。

可以肯定的是,只有通过外部和内部相结合的制度创新体系,形成稳定的知识制度,才能保证以高质量教学为目标的教师教学能力的提升。合理有效的教师教学制度创新的规律,要求大学全体人员把先进的高等教育教学理念落实到大学课堂教学的实践层面,做到以提高学校教学质量为核心,促进教师教学能力发展为手段,提升学生学业成就为目标,建立内外协同、统一、连贯的教师教学制度创新体系。

四、大学教师教学能力发展制度的演变

从知识制度的角度,研究大学教师教学能力发展中心建设的制度变迁,拟提出符合知识社会特征的大学教师教学能力发展中心建设的制度创新,确保大学教师教学能力的发展。当前大学教师培训、培养制度已经走出计划经济时代,从完全行政化朝着学术自治、教学自由的方向发展,但是还没有达到知识社会的制度文明的标准。当学校建立基于知识制度的教师教学管理制度时,教师个体对其自身教学能力的提升会表现出积极且有效的策略选择与运用,这些策略会帮助教师个体顺利实现教学能力的提升与调适。

（一）设置良好的制度

影响教师教学能力的发展因素是多种多样的、有条件的,而其中一个重要的因素就是设置良好的制度。好的制度可以促使教师个体共同遵守大学教学特定的章程和行为准则,从而为完成既定的教学任务和目标提供保证。教学制度主要通过评价机制和资源配置来发挥作用。教师教学能力的发展需要一个符合学术生态化的制度环境,并依赖于知识制度的安排,其内涵就是制度进化现象。制度进化保证了教师教学能力发展的内部环境与外部环境的和谐,针对促进教师教学能力发展的所有制度安排与改进都限定了教师及管理人员、学生各方选择和获得教学信息与资源的时空维度,制度通过改变参与者的利益分配系统而能够引起教师教学的内在能动性变化和其他相关者的积极性。同时,制度的进化在于推动教师教学思维方式的转变、价值观念的革新以及认知方式的转换和调整,成为教师教学能力发展的动力因。当一系列基于观念之上,能够促进和提升教师教学能力发展的教学方法、培训过程、管理规则、支持行为和激励机制等被确定有效和反复验证后,则将在理论上得到证实、固化并上升为制度。因此系统化、规模化的教师教学能力发展的培训模式和程序则为学校所接受而实施。在大学独特的环境中,利用其内部以知识制度为核心的激励机制及外部的具有激励作用的制度安排,则能促进教师教学能力的发展和学校内外教育教学资源相结合,达到高效配置教学资源和具备高水平教学能力的目的。高效配置的制度安排是教师教学能力提升的前提,科学有效的制度改进与安排可以提升教师教学能力的层次、教学效率。

（二）制度的本体关怀

从制度实践的最初意愿来说,无论是相关的教师发展制度的出台、实施,还是各类教师发展中心的设立,其本意主要立足于维系正面的导向性。所以有必要对原有的教师教学能力发展制度的创新实践进行制度矫正,其关键点就是要充分、合理地释放知识生产的制度空间。

教师的教学能力是教师专业发展的核心,促进教师教学能力的提高是教师专业发展的根本目标,教师的教学能力反映着大学的教学水平,而且还关系到学生的学习能力的提升。以知识制度作为分析框架可以涵盖教师教学能力发展的条件和意识等横向要素,而且还可以分析教师教学能力提升过程中的机制要素,从而能够清晰地分析教师教学能力发展过程中相关影响因素的功能与作用机制以及其内在联系,为教师队伍建设提供可行性建议。作为执行的制度最终落实到本体意义上,因为所有制度须要执行制度者或相关者的积极参与、唤醒本体意识和发自内心的认同,制度才能从冷漠、呆板、应付转向为热情、积极和主动,取得高效的教学效率。教师教学能力发展制度通过学校的奖惩和资源配置可以促进教师教学能力的发展,在制度的进化过程中,各个高校所面临的教师个体资源禀赋和外部影响要素存在多元化特征,因此大学教师教学能力发展制度的有效性在于能够让教师自主适用,并能够激励教师个性的发展。

大学教师培训是促进教师专业发展的一条主要途径,无论在教师的教学能力方面,还是在教师的学术道德方面;无论在教师的个体教学效果方面,还是在学校的教学水平方面,都有极其重要的作用。我国要创建世界一流大学,提高大学教师的教学能力,提高我国高等教育的整体水平,也纷纷建立了大学教师专业发展中心,并确定大学本科教学在高等教育发展过程中的核心地位。教师教学能力的提升,体现为大学教师发展中心(或教务处等教学主管部门)实施教学管理的驱动力。这种驱动力在于推动教师专业发展,而其教学能力的提升是关键,包括各项政策、制度和教师队伍原有的素质。在此,主要讨论的是各项制度对教师教学能力发展的影响。

大学本科教学评估、人才市场拓展、教师与学生的科学管理等,都发生在知识社会中,它们需要发展出具有契约、平等、交换、正义等含义的知识制度,并找出它们之间衡量与实施相联系的复杂关系。大学教师的"教书育人"劳动及其他辅助劳动,这种要素的提供者是普通教师,校长的雇佣与解聘、教师的雇佣与解聘的制度安排,反映了学校教育要素的契约关系。若大学师生感知的教学系统的规则结构是公平的、公正的,那么教学与学习成本就会降低;同样,若大学师生感知到教学系统是不公正的,那么建立学习契约的成本就会提高(假定学习契约的衡量与实施无须成本)。各个大学由教师和学生构成的院系教学也就是一种可以依靠的契约合作,而非以强制实施为特征的科层制的等级合作。面对市场化的浪潮,学校也由一个完全学术性组织结构向企业组织结构转化,一所大学至少在要素集结进行分工协同合作的意义上是一个准企业。而在学校完成教学服务时,存在一定的交易行为,学生与学校、学校与教师、教师与学生、教师与教师等之间的也理应存在利益冲突,因此想仅仅通过详尽的契约来对各方在未来所有可能发生的教学事件进行约束(教学责任、学术权力、冲突解决方案等规定清楚)是不可能的,也就是说在此时契约存在不完全性。因此,大学教学的有效组织安排应该给教师留有一定的自由空间。这样,在学校的教学系统中,教师就可以采用各种方式实施教学行为并因此获得利益。

(三)教学制度的演变

1.教学检查制度的演变

建立教学检查制度是教师教学考核的主要形式之一,目的是以查促建、以查促优,及时发现教师教学存在的问题并解决问题。作为定期的检查,由学科专家或资深教师组成,主要检查的内容包括:教师的备课教案、组织参与教师课堂教学的全过程、检查教师作业批发情况、检查教师教学总结等。通过此类检查,目的在于提升教师的教学能力。

2.学生评教制度的演变

当大学和学院的教师是指定的、学生没有选择的余地时。教师不仅压抑学生的个性,也束缚教师的创造性和勤勉。那么这种规定就不仅会消除同一学院中不同导师之间的竞争,还会降低他们的勤勉程度和照顾各自学生的必要性。换句话说,当由学生来公正、适当地评价教师,教师就会在自由竞争的基础上,努力和勤勉地教学和做学问。所以当前大学十分重视学生评教,通过教学管理系统了解教师的教学情况,每学期定期组织相关教师和学生进行对话与交流,听取并采纳学生的客观合理的意见与建议,组织学生对教师教学质量进行评价,填写教师教学评价表。

3. 教学资格审查制度和新教师试讲制度的演变

学术职业的重要特征就是其学术性,教师教学学术在其中占据着重要地位。从历史的视角看,大学教师追求教学学术的民主、遵循客观规律、按自己的思路开展研究,但是在教学过程中还是受限于制度安排与资源配置。根据学校培养目标、专业培养方案、学科教学内容、课程教学要求等,首先应对大学教师的教学资格进行审查,从而保证教师的基本的教学能力。试讲制度则主要针对教师的实践教学经验缺乏的现状。教师教学能力发展是学术职业发展的基础,是当今高等教育改革与发展的需要。学术职业发展过程中会形成一系列的教师资格认可和职称晋升等完整的制度体系,而教师资格制度是这一体系中的关键环节。教师资格制度是指国家对教师实行特定的职业许可制度,包括教师资格认定制度、考试制度和证书制度等,其对于促进学术职业发展、提高教师教学能力水平有重要作用。例如,对于新教师入职后教学能力发展,学校设立相应的制度来保证,这些制度包含导师制、现代教育技术培训、教师资格证等培训制度。在此过程中,制度创新的关注点在于:第一,针对新教师和成熟型教师的教学经验的差异而委派不同的工作,从而有效地提高学校的教学质量与学生的学习;第二,及时、有效地对新教师进行教学评价与反馈,使新教师的教学得以改善;第三,就当前各个大学开展的新教师职前指导和入职培训的过程而言,没有增加新教师需要的教学支持和专业发展机会来提升他们的课堂管理实践能力等。

4. 教学导师制度的演变

在教师导师制中,老一辈教师与新一辈教师通过对话而进行有效沟通。比如说他们在教学实践方式中存在某些断裂,老教师虽然在面对新的教学实践方式时积极性不高,但他们却愿意并热衷于向新教师推广某些教学实践方式的改革,这样他们就会觉得自己在教学时还具有年轻人的激情与活力。

5. 教学奖励和处罚制度的演变

积极采取激励、竞争机制,做到职责分明,奖优罚劣,目的就在于充分挖掘教师的教学主观能动性和积极性,激发其教学潜能。奖惩性考核是将教师考核结果直接与教师职务晋升、职称评定、薪资分配等挂钩的教师教学考核制度,主要指向教师以往的教学工作。发展性考核目的是促进教师专业发展,以教师为主体,促进教师积极参与到考核中并体现出教师的个体差异,注重教师的未来发展和学校的将来,提高教师的职业使命、综合素养和教学能力。中国正在走向知识和权利的时代,教育权利日渐成为社会关注的热点。教学考核制度是教师教学权利、学生学习权利与学校教学管理权三者间关系的制衡杠杆。

好的制度选择会促进知识创新,不好的制度选择会使知识创新偏离经济发展的轨道,或扼杀知识创新。对大学发展产生影响的制度包括政治制度、经济制度、知识制度和由社会心理氛围等所构成的观念制度以及大学组织结构的样式及其运行的规则体系。大学所有的活动都是与知识有关的,旨在将人们对知识的渴求落实为社会制度。知识制度,是知识和制度共同组成的联合概念,是参与知识活动的主体,基于知识活动的性质和各自利益的需要,经过长期的博弈,通过自然演进或人工制造的方式,形成的关于知识生产与再生产活动的规则系统化教育,办学规模显著增长,学科专业结构由单一型迈向多科化与综合化,大学成功与否更多地依赖于其知识制度、学术水平和系统能力。大学顺应知识社会发展的要求,为社会培养具备创造性与创新型人才,则需要从制度层面进行顶层设计来提升教师教学能力,即大统。在知识社会中,世界各国高等教育进入了一个快速发展的新时代,从精英教育转向大学必须构建自由、创新、综合的内部教师教学能力发展环境,建立弹性的教师教学管理体制,尊重教师教学能力的自主发展与独创性,促进教师教学能力的提升。

第二节　基于知识生产的高校教师教学创造力发展

知识社会时代,是"学而优则创,创而优则学"的时代。从知识生产模式Ⅰ到知识生产模式Ⅱ的演进,要求大学教师强调对个性化知识建构和知识理解而具备教学创造力,并从学科知识范式转移到社会生活知识范式,显示新的大学教学秩序生成的必要性。以"高深学问"为核心的学科知识生产与传授模式只是适应个人知识建构的基本需要,面对个体对知识的无限追求与应用,大学教师应在适应知识社会变化的过程中能积极、主动地面临新的转型而致力于教学创新。技术上的知识生产主要指的是技术的转移或者是技术的转型;科学上的知识生产是关于知识的原创性;教育教学上的知识生产是如何推动学生的创造性、教师创造性的教学。所以根据知识生产模式变迁的特点、大学的演化、教师教学创造力的生成,运用逻辑分析的方法,找出知识生产、大学、教师教学能力之间的充分必要关系,从因果关系揭示出它们之间的联系,指出知识生产对大学教师在教学领域中的创造性成就产生的影响。

一、知识生产

(一)知识生产的概念

国际经济合作与发展组织(OECD)将知识生产定义为开发提供新知识,后又重新定义为"个人、团队或组织成功地生产新知识和实践的情况"。根据知识生产的性质,知识生产可以分为原创性知识生产、复制性知识生产与定制性知识生产。知识生产包括知识创造和知识传播两个不可或缺的环节,传统的观念只重视知识创造而忽视了知识传播。知识生产不仅包括新知识的创造,也包括在已有知识基础上,通过复制和传递过程而产生的知识,知识生产的一般性途径包括知识创造、知识积累、知识组合和知识交换,为持续创新的知识需求提供了基本保障。

高等教育围绕知识生产,同时向两个方向延伸:一是现代性——时间向度,以应用性转身为表征;二是全球性——空间向度,以分散化、网络化为标志。知识作为一种认知的状况产生于两种不同的活动。第一种是谈话和倾听、写作和阅读这些活动。这里至少涉及两个人:一个是知识的传送者;另一个是知识的接受者。被生产出来的有关某些事物或思想的知识,至少对知识的传送者来讲是已知的,而知识的接受者则是有意识地接受它。第二种活动是发现、发明、直觉,只有一个人在参与。其生产知识的这种认知状况所产生的知识,可能是别的人不知道的事物或思想。也就是说,当大学教师在课堂中告知学生一些他们不知道的或者是模糊的知识或者是已经忘却的事物,那么教师也就是在生产知识,当然这种知识有别于"社会新知识"——以前没有人知道的知识,因为在大学课堂中传播的知识是一种"主观上的新知识"——具有新思想的旧知识的生产。

(二)知识生产模式

1.学术资本主义——从知识生产模式Ⅰ到知识生产模式Ⅱ

(1)学术资本主义与知识生产

大学作为一种知识机构而成为具备知识社会的特征代表,知识生产模式Ⅱ、学术资本主义、知识民主化三个方面共同构成当代知识的基本特征。在传统的知识生产模式之外,正在出现新的知识生产模式。在这种模式下,知识在一个更广阔、跨学科的社会和经济情境中被创造出来,其影响生产什么知识、知识如何生产、知识探索所处的情境、知识组织的方式、知识的奖励体制、知识的质量监控机制等。

(2)学术资本主义与大学教学

从知识社会学的视角来审视当代大学知识的变迁,阐述了学术资本主义、知识民主化对社会进步与大学教学理念的影响。"学术资本主义"作为新概念开始用于描述大学的新生态环境,在这样一个充满矛盾与发展的生态环境中,教学科研人员和专业人员越来越多地在竞争中消耗他们的人力资本储备。当教学科研人员通过参与生产、运用他们的学术资本时,同时也在卷入学术资本主义之中。就大学和教学科研人员而言,涉及市场的和具有市场特点的行为。具有市场特点的行为指的是院校和教学科研人员为获得资金而进行的竞争,这些资金来自外部资金和合同、捐赠基金、产学研合作企业、教授的衍生公司中的学校投资以及学生的学杂费。在学术资本主义的活动中,并不是所有的教学研究人员都能够在市场上获得成功,正是数量相对少的教学科研人员带来大量的资金与合同,从而支持了大部分教师的教学工作,在这个意义上,学术资本主义下的知识生产模式Ⅱ强化了本科教学的质量保障。

2.知识创造

组织化的知识创造模式,该模式具体包括四个阶段,通过四个阶段人类隐性知识与显性知识之间的社会化相互作用,从而创造出新的知识。第一阶段是共同化,即从隐性知识到隐性知识,是分享体验并由此创造诸如共有心智模式和技能之类隐性知识的过程。这个过程中的重点在于形成共有的体验,个体在体验过程中使自身置于他人的思考之中。第二阶段是表出化,即从隐性知识到显性知识,是将隐性知识表述为明确概念的过程,主要采用比喻、类比或模型等形式将隐性知识显性化。第三阶段是联结化,即从显性知识到显性知识,是将各种概念综合为知识体系的过程。第四阶段是内在化,即从显性知识到隐性知识,是使显性知识转化为隐性知识的过程。这四个阶段被称为知识创造的 SECI 模型。将知识分为显性知识与隐性知识,而隐性知识又可以分为可以用言语表达的与不可以表达的两类,这种知识观念的更新,促使人们形成新的知识生产观,与这种新的知识生产理念相应的是大学教师关于教育教学等问题的知识(科学、技术、能力和智慧等)及其生产的主体、生产过程和生产结果也发生了根本性的变化。大学教师作为学者来说不仅仅拥有专业知识,而且也拥有相当的教学经验,在教育教学过程中教师是知识生产的重心,教师不仅是知识的使用者同时也是知识的生产者。

(三)知识生产模式演化与大学教学

事实上大学教学隶属于作为知识生产系统整体中的一个子系统,由其衍生出来丰富的新知识、新学科;大学本身就是一种知识生产和消费系统,它们自身就具有强烈的求知欲、有力的求知方式、有用的求知结果。大学教学实践方式的革新,相应地带来知识生产与消费体系的转型,比如在 1750—1800 年,三种不同的高等精英教育的教育场所——德国大学的习明纳、法国学府的实验室和苏格兰格拉斯哥大学的课室,它们作为新的教学场所的出现,通过对学习者的学科规训,使得学习者采用了新的做法,生产了新的学科知识,成为自我规训的人。

1.知识生产模式Ⅰ中的大学教师教学

(1)对话与讲授

中世纪的大学之所以能够产生大学的教学是因为知识生产为其提供了可能性和基础,在中世纪大学产生之前,西欧的知识传授由民族信仰机构所控制,学习内容也仅限于一般性的神学基础与教义问答。而进入第二个千年,西欧的知识生产活动日渐频繁,特别是以古典翻译运动为中心的文化复兴时复制、创造与定制的知识,希腊—阿拉伯文化的输入等,为大学提供了必要的知识储备而给出大学最初的定义——教师和学生的社团——在教师和学生基础上的教学活动。与同时代的师徒制、家庭教育不同的是,大学能够对特定数量的学生进行教学,教师的教学也区分了他们与其他文化机构人员的身份——例如修道院的抄录员、传教士和国王的书记员或法庭的记录员等。此时大学的声誉完全是依靠教师个人的知识魅力进行的教学来吸引学生,教师的价值在于他能够拥有丰富的才智、杰出的作品或者卓越的演讲。

（2）实验室教学

近代科学革命促使了"实验型"科学知识生产方式的出现,培根的《新工具论》提出实验归纳也是一种值得信赖的科学思维方法,实现了理论与实践的紧密联系,各种科学实验室的诞生导致了科学知识稳定而快速的增长。从学术革命的角度而言,洪堡将教学和科研相结合而成为培养"纯粹心智"的重要途径,但他却并没有意愿将科学研究变成大学的第二职能,他只是希望通过大学教授纯粹的知识去培养心智自由高尚的人。

2.知识生产模式Ⅱ中的大学教师教学

通过对知识生产模式Ⅱ的特征与大学教师教学能力一一对应关系进行分析,一种特征要求大学教师具备一种相应的教学能力。模式Ⅱ中知识生产的一些特征:应用情境中的知识生产、跨学科、异质性与组织多样性、社会问责与反思性、质量控制。大学教师教学的能力的特征表现为:适应情境的能力、跨学科、质疑能力、反思性教学、教学评价等。知识生产模式Ⅱ呈现出许多新特征,具体表现为:数字化、可视化和模块化技术使得知识的表达形式逐渐增多;网络数据库、网络学术论坛、网络教学平台的广泛推广使用使得知识存取突破了时空限制,知识评价更加多元、公开、公平、电子邮件与视频等的普及使得知识交流更加频繁,知识获取的路径更加快捷。但是传统的教学方式也不会消失,人机的交流、多媒体间的通信并不能完全取代师生之间面对面的交流。所有的知识首先都是场域性的知识,任何一种文化语境中的知识生产(例如不同类型大学的教学文化),都潜藏着独特的禀赋和鲜明的创造性。

纵观大学教学和知识演化的历史,可以看出大学教师的教学创新活动包括知识生产与知识应用,其中知识生产以不断扩展丰富学生的知识含量为目标,这个过程是没有边界的,因而具有生发特质。知识的应用则是以社会的整体要求下朝着实用性的角度为特点,是以"社会与学生的物质与文化需求"为导向,具有收敛的特质。进入21世纪,高等教育与信息传播都发生了巨大的变化,使得大学的教育理念、教学思想也产生了激烈的碰撞,大学从象牙塔变成人类社会的发展的心脏——社会发展的服务站。大学要求教师承担科学研究、人才培养、社会服务、文化传承等功能,这样大学就不再仅仅是传播知识的地方,同时也是知识生产与知识交易、知识应用之处,更是培养学生创新能力,孕育师生创新激情的重要场所。

二、创造力与知识生产

在第二次浪潮社会里,教育应该由学校教师来"生产",由学生来"消费"。第二次浪潮的学校把年轻人"制造"成顺从、整齐划一的工作人员,学校教师与学生均成为整齐划一、固定思维的僵化个体,他们对世界的认识仅仅局限于已经给出的教材中的陈旧知识而失去自己对未知世界的好奇心与创造力。系统化的大学教学可以增加知识,但师生发展的目的能够拥抱而不是放弃矛盾、预感、创造力和大胆的综合资料,因为人类今天正站在新综合时代的边缘。在所有的知识领域,包括从自然科学到社会科学等,可以见到一种回头的趋势,转向大规模思考、一般理论以及拼凑碎片的研究。

(一)创造与创造力的内涵

1.概念

创造一词通常泛指产生或致使存在、发生的行为,即指将两个以上概念或事物按一定方式联系起来,以达到某种目的的行为。创造的本质在于甄选,甄选出真正有建设性的联系(事物或概念之间的联系)。创造力是与创造紧密相关的概念。一切创造都源于人类高超的创造力。

创造力的词源是拉丁语 creare(意为创造、创建、生产、造就等)。韦氏大词典中的创造力则解释为"创造的能力,才艺智力的开发"。创造力是根据一定目的产生有社会(或个人)价值的具有新颖性成分的智力品质。中国学者董奇将创造力定义为:在一定目的和条件下,个体可能产生出某种新颖、独特、有社会或个人价值的产品的能力。纵观创造力研究,学者对创造力的定义存在着许多分歧,公认的创造力定义的框架至少包括 4 个因素:①创造性的过程;②创造性的产品;③创造性的个人;④创造性的环境。

2.创造力的特征

创造力具有变通性、流畅性与独特性的特征。变通性是指思维能随机应变,举一反三,不易受功能固着等心理定势的干扰,因此能产生超常的构想,提出新观念。流畅性是指反应既快又多,能够在较短的时间内表达出较多的观念。而独特性是指对事物具有不寻常的独特见解。例如转义者的角色意味着教师不是万能的,也不是忠实的知识传递者;教师更像一个黑箱子,当知识经过他身体演绎时,他会对知识进行改变、转译甚至修改和扭曲,产生不确定的输出,这意味着不同的教师在不同的位置上会采取完全不同的施教行动。教师所传授的知识并非像机器、数据库网络那样不进行任何加工的"死知识",并非是简单的现成品或技术操作的产物,而是包含了教师个人智慧和情感,是教师智慧加工的成果。教师个体的本质是技能的知识化,如与个体的技能、手艺、技巧等有关的职业知识是教师个人的重要属性。从事创造力研究的学者基本上都认为创造力具有以下两个特征:一是原创性或新颖性;二是有用性或适宜性。

(二)大学教师、知识与创造力间的张力

在知识社会中大学教师所处的环境发生了巨大的变化,而知识生产的模式的演变对大学教师的创造力有着积极和消极的影响,同样也影响着大学教师的教学创造力。创造力是人类特有的一种综合性本领,是否具有创造力,是大学优秀教师和一般教师的分水岭,大学教师创造力是知识、智力、能力及优良的个性品质等复杂多因素综合优化构成的。大学教师的创造力是一种能够产生新思想,发现和创造新事物的能力,是成功地完成科研、教学、社会服务等创造性活动所必需的心理品质。

1. 知识与创造力的关系

知识是人类自由、全面发展的最重要的手段，同时又是人类自由全面发展的目的，而人类精神的自由和解放是创造力解放的首要条件。所以说创造力的核心是知识，知识是创造力的源泉。创造力不仅仅是教育教学中的技术问题——例如新课程改革、教学方法的选择、人才选拔制度等，而且是价值观与教育教学理念的重要问题——给予个体的个性自由、质疑精神、挑战权威、独立思考、尊重与宽容、试错等。

（1）创造力的核心是知识

土地或机器只能在定时定点给一个人用，知识却可同时被许多不同的人使用，而且只要运用得当，就能衍生出更多知识。因此知识是取之不尽、用之不竭的。创造力是以知识为核心，综合运用各类相关知识、信息、技术等在思维活动中与实践应用时形成新成果或凝结成新价值的智力品质，知识生产与创造力之间具有一定的张力。学科化的知识生产受到文化、环境等影响，通过创造活动而提高与完成。在大学教师领域作出贡献必须能够觉察大学教学领域内什么是重要的、什么是不重要的，还意味着能熟练地运用在教学领域内可获得或可允许的教学技术手段。从创造性的新产品的标准来分析创造力，在认知层面上，知识生产的过程包括了创造性思维，而创造性的个人与创造性的环境则体现创造力的人格和社会层面。一个人为了在工作中显示其创造力，他必须取得有一定自由度的可以表达创造力的职位。

（2）知识是创造力的源泉

通常心理学家们都有一个有关知识与创造力关系的关键假设，因为创造性思维从它自身的内涵来说是超出知识范围的，所以理所当然地、明白地或隐含地假设知识与创造力之间存在一种张力。知识作为一种基本要素是构造新思想的砖块，所以一个人在某一领域内进行创新活动生产出新事物，最基本的要求就是拥有该领域的知识。关于知识与创造力之间的关系的假设有几种，一种是假设知识与创造力之间像一个倒置的"U"形——拥有中等程度的知识与最高的创造力同时并行；另一种假设认为知识与创造力成正相关——创造性思维是建立在知识基础上的。威斯伯格的结论是：大量的专业知识对于创造性活动是先决条件。

创造力的源头不仅仅是基础知识，还是知识在社会实践中的应用，是个体的实践活动的体现。知识是思考的基础，是无可取代的。一个好的课程应该一方面教授专业领域的知识，另一方面学习如何思考它的内容。例如，教师积累的专业知识并在已有专业知识的基础上知识生产而构建新观点的能力是教学创造力生成的基础，这种知识生产的能力使创造性得以实现。当教师提出一个教学新思维的问题时，解决问题时都倾向于在自身已知的知识领域内提取具体的、典型的案例，并把这些案例的特征映射到教学新思维的框架上，通过这个过程，教师在获取抽象水平上的知识生产则可以使其更有创新潜力。

2. 知识创造能力

可以这样说，在知识社会中，创造力直接作为知识资本进入市场，使得教育与社会和经济的关系变得非常直接。大学的基本职能之一是知识的创造和传播,大学的知识创造能力是大学评价的根本指标。大学最基本的活动就是知识创造,大学的知识创造能力包括大学教师自身的知识创造能力、大学教师传授知识创造能力的能力以及学生的知识创造能力这三个基本方面,同时也包括大学知识创造能力的形成和发展的环境因素。

在教育领域内知识创造的应用呈现出五种。第一,创建知识实践实验室,致力于开发与研究教育环境中知识创造的理论基础、实践、方法和工具。第二,推行教学的渐进探究模式,引领师生共同开发与创造知识。第三,启动人造物项目,促使学生投入到能够产生人造物的活动中去。第四,提出和践行"知识创造型学校",倡导学校尤其是教师与校长要成为专业知识的创造者,要将教师的专业经验转化为能在学校内部和学校之间共享的知识。第五,革新和利用相应的信息通信技术支持学习活动中的知识创造。强调通过师生的共同努力彰显学习的"生产性"即学习者要能够创造和生产观点、概念和知识等,要能够为人类知识数量与质量的进步作出贡献。

3.知识生产与创造力

知识既可以成为创造力的推动机,也可能会成为创造力的拦路虎。斯滕博格和卢伯特提出的创造力投资理论假设每个人都存在创造力潜能,知识在投资理论中的作用极其重要。知识是双刃剑:一方面,为了提升一个领域超出现有的知识水平,一个人需要知识去了解该领域的现有水平;另一方面,知识可以把一个人推向保守,从而阻碍创造力的发展如果一个人已经习惯于用一种固定的方式看问题,当换一种方式看(想)某些事情时就会觉得有困难。因而专家可能以获得知识为代价,牺牲了灵活性。知识生产是以过去的知识作为参考而生产出大众理解的新的知识成果。例如,称一门知识为一学科,即有严格和具认受性的含义,但此名称并未揭示知识是透过知识生产者的规范或操控而生产的,也没有说明这类门徒训练会产生可被普遍接受的学科规训方法和真理。

三、以知识生产促进大学教师教学创造力发展

大学必须有自己的灵魂,有坚定的信念。这就是,引领社会进步——通过生产知识与培养人才而引领社会进步。每一个大学教师,其实都在内心中隐藏着创新的欲求,蕴藏着巨大的创造力。梅贻琦的"所谓大学者,非谓有大楼之谓也,有大师之谓也"的教育名言说明,好的大学想挑选好的教师,学生也愿意与好的教师共同学习,那么学校与学生要挑选怎么样的教师? 答案是挑选具有教学创造力的教师。对大学教师而言,教学创造力是关键的、聚焦的议题,大学教师的教学创造力具体体现在解决知识传授、知识创新和知识应用中的问题;同时对大学而言,新的科学发现、新的知识生产、新的教学改革和新的制度建设等必然促成大学教师教学创造力的发展。

(一)大学教师教学创造力

大学教师面临的问题是怎样让教学活动真正体现学生的主体的作用,从一味传授知识

内容,到把知识内容放在大的学科背景、社会情境、历史沿革中让学生认识到知识的价值、意义、局限,成为学生知识探究与获得经验的导师、学者,而不再是"真理"的传播者。这既对教师的理念和教学能力提出新的挑战,也对教师教学创造力提出新的要求。

1.教学创造力的含义

教学是一门艺术,在这个教学艺术领域的最高成就则是再现出来的教学创造性的特征,正如创造力在知识生产过程中随时出现一样,教学创造力随时出现在常规的教学活动之中。教学创造力就是教师的教学创造性想法——既独特又能适用于其教学环境的想法,这种创造性想法就是把那些与教学相关联的所有有用的因素用新的联系方式重新组合与排列在一起。无论是科学家还是艺术家,他们的新奇想法都不是来自单凭理性的推理。虽然科学家是与抽象概念打交道的,但他们的创造性观念常常来源于自发的心智图像。教学创造力是教师能够在跨学科领域内提出或形成具有新颖性(即独创性和新异性等)教学思想和适切性(即有用的、适合特定需要的)的教学成果的能力。

教学创造力包括教师拥有对先前没有联系的教学因素之间进行的类比推理能力;在课堂教学时的语言水平方面,创造力则可能显现出包括了如"A 像 B"这种新奇的说法或是有关 A 的新鲜的修饰法等。所以教学创造力就是组织让大家觉得有意义的教学活动(如想出新的教学方法、提出新的教学模式、运用新的教学策略、倡导新的教学设计等)的能力,这是教师的心智活动的创造性过程的体现,通过多个教学事件的发生,教师有意识地超出他先前的教学经验而取得的一种新颖且适宜的结果,在此过程中,教师如果被给予更多的教学自由,则会用大量的时间致力于教学过程中的创造性。

2.大学教师教学创造力

教学创造力具有多维度的结构的概念,它本身是稀缺的和深奥的,是突破先前的界定而重新定义为一系列的能力——流畅性、灵活性和新颖性。拥有教学创造力的教师能够在教学过程中突破定势,突破对原有教学的固化的思维模式,同时并不会照本宣科,因为照本宣科是延续传统的思维而无意于创造,这样才会改变教师原有的教学方式,而以新颖的教学让学生来触及他们的生活世界。

创造力是由与特定活动领域有关的能力(或称特殊才能)、与创造力有关的能力(或称一般创造力)、创造动机三大要素构成。大学教师教学创造力由此也可以分为一般教学创造力、特殊教学才能、教学创造动机。其中教学特殊才能是指有关教学领域的事实性知识、策略性知识、现代教学技术、综合教学技能,一般教学创造力则指教师的教学认知风格、教学工作风格和运用普遍的创造方法的能力;教学创造动机则包括教师的教学兴趣、教学意志、教学情感等决定教师对教学的态度的非智力因素。教师教学创造力并不只是教学认知能力,而是教师的教学兴趣、教学动机、教师个性等特质的综合体,对教师个体教学创造力的分析需要包含这些特质。

教师一般教学创造力是使教师教学形成具有创造性教学成果的决定性因素,其中包括教学认知风格、运用创造方法的能力和教学工作作风。教师教学认知风格是指教师具有的打破教学心理定势和理解复杂教学问题的能力,具体表现为:①能够打破教学定势,从多个角度多个方面感知教学与学生;②能够打破教学思维定势,会及时舍弃不成功的教学策略,转身新的教学思路;③突破原有的教学计划的束缚,保持教学思路灵活,具备从预设性教学转向生成性教学的能力;④教学思维的广阔性,教学时能够做到广泛,在其他人看来没有关系的事物之间发现新的教学联系;⑤优良的记忆力,做到博闻强记,并在此基础上进行教学创新。教师教学的基本的创造能力指教师在教学时能够运用创造性活动的一些规则和方法,例如反直觉、分析与综合、概念的重新界定等。

(二)大学教学中创造力系统的演化

1.大学教学中的创造力系统

(1)大学教学中的创造力系统构成

大学教师的教学创造力系统可以划分为教学创造力、教学创新、教学成果三个部分。在这种教学创造力系统工作的模式为:每个大学教师都具有其独特的创造力,借助其人格力量或环境、文化领域等因素的相互作用,激发为教学创新活动,而教学创新活动在正确的教学思维的引导下,通过持续的教学实践(课程开发、教学模式变革、尝试新的教学方法、运用新的教学评价等),最后使教学创新活动产生出被社会或环境接受并认可的丰富完整的教学创新成果(教学成果奖、教学优秀奖、教学视频、精品课程网络等)。教学创新成果既给教师带来高峰体验,又激励教师在教学过程中迸发出新的灵感,从而形成一个循环往复的生态系统。

(2)大学教学创造力的环境

大学教师教学创造力受到两个方面的影响,一个是知识方面的,也称为知识生产;另一个是社会性方面的,在这里称为专业领域。教学创造力就是一种在教师个体、专业和知识生产的系统上可以被观察到的过程。学科教学知识生产是教学创造力的一个必要因素,教学独创性思维不可能在没有教学的环境中存在,教师只有在一个已经存在的大学或教学模式下进行教学,只有在现有的教学规则下才会出现例外,而且没有教学传统也就不会有教学的新颖性。当一个教师在教学时进行改变,教学创造力就随之而来,这种变化是随着时间变化而被传递出去的。教师在教学中进行改变,有可能是因为教师个体的特质——创造性的能力,也可以是因为正好处于某个专业中的一个好环境——教学自由,或者他们的教学环境允许他们有大量的时间做教学实验——教学质量工程的支持。创造一个现代的学术共同体并不意味着所有学者在所有领域都必须成为博学者和专家,它意味着学者们愿意以通俗易懂的术语在不丧失知识完整性的前提下与别人交流;意味着交流者必须努力去倾听;意味着对知识的严肃投入,对其他学者的尊重,对知识本身的深刻尊重;意味着愿意去做艰苦的工作建立和维护共同体;意味着欢迎那些以前被排除在外的学者重新融入;意味着愿意让他们的存在来改变共同体本身。

2. 大学教师的教师智慧

(1)大学教师的教学智慧

古今中外的先哲并不仅仅以渊博的知识闻名,更是以他们的智慧而著称,其价值超出那些所谓的博学多才的人。知识及智慧与大学高深学术方面的联系在任何时代都会吸引具备反思能力与批判精神的独立的学者,正如陈寅恪所说的"自由之思想,独立之精神",在过去的大学教师的教学与论著中通常以对问题的批判与反思为开场白。康德的《纯粹理性批判》《实践理性批判》和《判断力批判》三部著作无不说明这一点,所以大学教师通过研究来追求知识是走向智慧的途径,但是把追求知识当成智慧,则明显是一种误导。所以成为智慧的人的必要条件是知识渊博,在博学多才的基础上进行反思才称得上是智慧。

教学创造力被视为在教学过程中产生新奇而有用的教学事件的过程,从这一点来看,教学智慧的选择能力与塑造教学环境的能力同教学创造力有异曲同工之妙。教师在教学事件中总是会选择或塑造适合自己的教学情境,此时他面对的问题是如何利用教学想象力来设想教学情境的可能性,并怎样创造新的教学要素把想象中的教学理想外化为教学实践。

大学教师的教学智慧还应是多元教学能力的发展,教学智慧并非一元的事物,而是表现为多元教学能力——教师具备教学自主发展的能力、适应知识进化的能力、促使学生投身学习的能力、管理课程的能力。大学教师的多元教学能力又把教学创造力理解为产生新颖的、变革性的思考并付诸教学实践之中,而形成教学创造力的教师在进行教学创造性突破的那一瞬间离不开有效的大学教学的环境支持,同时大学教师还能够忍受一种学术上的孤寂与进取。

(2)超越教学创造力的教学智慧

教学智慧并不包含适应教学情境的能力,如果一名教师为了适应某种教学文化或教学环境而不断地改变自己,这说明他不再具有教学创造力或者只有很少的教学创造力,这个过程的极端表现就是压抑创造力。因为教师会意识到要能够适应学校的教学文化或环境就必须对自己的教学创造性的思考予以保留,公开这种教学创造性的思考则会面临着教学评价带来的危害——教学分数低、教学评价低。教学创造力与教学智慧并不是同一种能力,教学智慧是对教学创造力的一种超越,所以在大学不同的教学情境、各个层次的教学创造性活动过程中都需要教学机制。

富有教学智慧的大学教师远比具有教学创造力的教师更能在教学的不同思维过程模式间进行转换,即初级思维与次级过程思维模式之间相互作用。初级思维过程模式可见于正常状态或异常状态,正常状态包括做梦和幻想等,而异常状态则指精神失常和催眠状态。初级状态呈现出强自我意识——以自我为中心、联想与类比;次级过程是在抽象的合乎逻辑的清醒意识状态下以事实为客观导向的思维。富有智慧的人在这两种状态下的转换是连续性的,而当转换过程中出现断点或者阻塞,则创造性的想法就离他们远去。根据克里斯的理论,有智慧的人更容易接近初级思维过程,并远比缺乏创造力的人有更多的幻想,能够更好地回忆他们的梦境、更容易被催眠,也更能保持初级思维过程的认知和次级思维过程的认知之间的连续性。

富有教学智慧的教师远比具有教学创造力的教师更能在教学中形成想象力,教学想象力表示在一定的教学情境上有效且能生产在教学功能上具有适应教学现实意义的图式,并产生潜在的教学创新思维。教师在教学过程中注意的能力越强,就越能够进行初级状态与次级状态之间的组合跳跃,形成一个变化本身和定向变化之间的突变,从而跃入另一个未知的状态。要想获得一个在教学中的创造性的想法,就必须同时在注意的时空中将所有的要素组合起来。

3.教学自由

学术自由是大学知识生产最为根本的核心,即为大学的知识生产提供元规则——关于制度的制度,更为大学提供了一个最有益于思维、实验和创造的环境,这种环境反映了可以达到教学的四项基本自由:在学术的基础上决定谁来教、教什么、如何教以及谁来学。教学自由与创造力之间存在肯定性的关系,从高等教育哲学的理论来看,对社会的所有人来说有两个问题需要澄清:教学自由的限度是什么? 这种自由的认识和教学创造力的重大意义是什么? 这些问题贯穿了整个高等教育教学的永恒话题。自18世纪以来,人们对创造力、天赋、原创性、才能以及正规教育的含义一直进行最明确的区分,这种区分的核心就是要努力说明学者的教学自由的合法性,并将这种合法性与社会和政治的限制相分离。被权威利用的社会法律和专断的限制必然地成为反对"有独创性"的天然武器,并成为学者的教学自由和独创性的有害障碍。例如在大学教学中,各种教学考核、教学评价徒增教师的压力,而已有的研究早已证明压力一定会扼杀创造性,根据创造力与大脑皮层唤醒的总体水平是相关的,唤醒被认为是从睡眠状态历经警觉的清醒状态再到情绪紧张状态的连续过程,而唤醒与学习及成绩的相关性呈倒U形,在唤醒的中间状态下成绩是最好的,创造天才的自述通常表明了创造灵感最可能在像梦一般的低唤醒状态中出现。富有教学创造力的教师是拥有教学自由、科学认知和非行为控制的,喜欢教学中新奇和对刺激的渴望,即大学教师的创造灵感产生于这样一种自由状态。

(三)知识生产促进大学教师教学创造力的发展

在知识生产模式 I 的阶段中,大学教师通常表现为在教学过程中的保守、程序固定、因循守旧、学术研究滞后等。而将教学创造力呈现出来的教师能够紧跟知识社会进步的脚步,其中最为优秀者是能够超越知识社会发展的速率,将知识生产与教学紧密结合,将知识生产模式 I 与知识生产模式 II 融会贯通,形成开拓、质疑、打破传统、学术研究超前的教学创造力,教学创造力这种内隐于心的创新意识逐渐为所有的大学教师所认识。

1.教学创造力影响知识生产

虽然创造力具有领域特殊性,大学教师的教学创造力的分析也应在具体的教学领域中进行。但是教学创造力的影响并不只是局限于教学领域,而是同样影响教师所涉及的多领域的学术知识,教学创造力可以加固知识生产模式Ⅱ的情景,通过与教学相邻的多领域的学科交叉,促进知识的生产。大学教师在非教学领域内上花费过多的时间也只是一种可行的训练,结果是促进其教学创造力。

2.知识生产与大学教师教学创造力的内在统一

通常认为,大学教师的教学负担是其从事知识生产的障碍,过多的日常教学工作会影响教师创造力的发展。大学教师学术职业的专业化由系科所代表,作为大学学术权利的保证,系代表与知识相关的所有成员所认同的一元价值体系,系的所有成员须应承担着教学和研究的两种责任,并为每一位教师成员提供为知识生产作出贡献的合适途径。更为重要的是大学教师拥有从事研究机会的权利的观点逐渐引出一个新的观点,即他们都有责任成为有创造力的学者。

大学知识生产的内在性是大学教师教学对书本理论知识依赖的替代物,大学教师的教学创造力不是通过复制书本理论知识来控制课堂教学与学生学习的,而是努力争取科学和知识发展的内在性,即知识生产是在大学教学过程中的与教师的教学创造力共同发展的内在统一性。从知识生产与大学教师创造力的内在性可以看出,大学教师创造力应体现出一定的竞争力。

3.知识生产营造良好大学教师教学创造力发展的环境

随着科学从小科学时代向大科学时代的迈进,知识生产已从一项个人活动变成了高度制度化的社会实践活动。知识生产模式Ⅱ提出创建跨学科研究团队,是因为来自不同学科团队的人员能够提供异质性知识融合与创新,团队的成员合作因此成为在各个层面实现知识创新的手段。这是因为,在知识社会中的问题其复杂性涉及多个学科的范畴,学科的边界也日益模糊,解决问题需要多学科范围内的知识相互作用。跨学科性的特征也说明知识生产、参与者的多样性和异质性,更加强调利益相关者应协同创新来解决应用情境中的问题。这种协同创新是不同参与者之间的互动与合作。在高校课程建设过程中,模式Ⅱ知识生产的跨学科性也产生了重要影响。

在多数的大学中,教师的知识生产活动与本科教学之间的联系是松散的。虽然大学不断加强图书馆与实验室的建设、引进与培养学术人才,使得学校的知识资源不断地扩充,但大学生却很少从中获益。

4.大学教师的教学创新

教学创新需要多种资源,而最关键的是知识。因为知识能够带来新的视角,是产生创新机会的根本要素,同时知识还直接为教学技术、课程开发和教学评价等提供指导,是培养高质量学生和提高教学效力的基础。当前,高等教育教学创新是一个极其复杂、程度极高的问题,而跨学科教学也成为高校教学创新的重要的组织形式。由于教师个体在课程开发、教材编排、教学研究以及教学认知能力的相对局限性,高校教学也趋向于采取团队合作的形式,鼓励成立教学团队进行教学创新,以此提高教学质量。行动者网络理论(Actor-Network Theory,ANT)深刻揭示了当代知识生产过程和科学研究组织构成的复杂性,确定了知识生产系统中各构成要素的地位和作用。借鉴 ANT 的思想,综合知识网络的研究成果,可以构建一个以知识网为核心的行动者网络模型——由物质性要素网络、文化性要素网络和知识性要素网络通过相互"转译"整合而成,作为分析种类社会组织的框架和方法。因此,教学创新的实践活动也可以看作是一个动态过程,是由多种异质要素间的彼此联系、相互建构而形成的教学网络。其中,在教学实践中教学物质网的要素是"非人"性要素,含教学手段、教学媒介、教学资源等;教学文化网则指反映高校特征的属"人"的文化性要素,含教学制度、教学规范、教学价值观、教学行为习惯、教学情感和兴趣等;教学知识网则指"人和非人"互动过程中相互整合的知识性要素,含各类知识(如 know why, know what, know how, know where,know when,know who 等类型的知识)、数据和信息。

大学质量的测量指标之一就是学生的创新能力,而培养学生创新能力的教师也就必须具备学习创新能力和教学创新能力。大学教师应该加强对环境敏感的反应能力,通过不断地学习、积累和运用知识资源,保持大学组织创新和教学竞争的优势。通过教师发现和提出教学新问题的能力可以区分教学创造力的拥有者,也可以通过教师解决他人提出的教学问题的能力来辨别。创造性的教学行为可以表现三个方面:其一,教师往往致力于解决教学问题,当教学问题复杂、重大且并没有得到解决的时候,意味着这是一项高度创造性的教学任务;其二,一些教师倾向于教学理论的构建,即他们创造出一系列的教学概念对现有的教学进行解释并指出新方向;其三,研究领域中知识生产的加速更加凸显了一切知识的短暂性。研究的问题取向与应用性将影响教学的基本方式,知识的开发利用要求参与到知识的生产之中,知识的应用情境可能成为教学的重要空间,能够促进新的教学与研究关系的形成。

第五章 高校教师教育技术能力的发展

第一节 高校课堂教学与教师教育技术

一、教育技术的概述

(一)教育技术的含义

教育技术是技术手段在教育中的发展和应用,是育人技术及其创新整合的技术,核心是教学设计技术和课程开发技术。

信息技术时代的来临对人的素质提出了新的要求,而作为培养人才的教育行业,技术应用也是日新月异,教育领域中的技术也在迅速发展,由此产生了许多新的教育方式、教育手段,这些都是作为现在的教师应当了解和熟悉的。

(二)技术改变教育

随着科技的发展,技术在不断地改变人们的生活。当前,与之前的农业革命、工业革命相比,技术革命的发展速度更快,它对人们的工作、学习、生活的影响也更广。技术革命改变了人们的生活,也改变了教育。

由于技术的发展,人们在获取日常信息的途径上已发生了很大的变化,可以从传统的纸媒体(如信件、书籍、报纸、杂志、广告册上等)获取信息,也可以从电子媒体(如电视、广播、网络、数字产品)上获取信息,还可以从第五媒体(即手机、无线网络、移动网络这些新媒体)上获取信息。信息的获取变得更为方便,而且信息呈现的方式、信息获取的方式、信息存储的方式都发生了根本性改变。

现在的学生作为信息时代的"原住民",已经习惯了电子阅读器、平板电脑、笔记本电脑、数字化工具、APP 和相关软件的使用。不仅已经改变了学生的学习方式,也改变了学生与知识的互动方式、与同学的协作方式以及从教师那里接收反馈信息的方式。

对于教师而言,信息化教学手段也不仅仅是多媒体教室、PPT 这样的初级信息化应用,现在的信息化教学应用需要在教学理念、教学设计上具备信息意识,把各种信息手段恰当地运用到教学中去。使用信息技术可以极大地丰富教育教学形式,真正让学生体会到信息时代下知识传授的开放性、灵活性。

二、课堂中的新兴教学模式

在互联网、云计算、大数据的浪潮下，翻转课堂、MOOC（慕课）、微课程、移动学习这些新兴的教学模式方兴未艾，掀起了一股技术改变教育的热潮。

（一）翻转课堂

1.翻转课堂的含义

翻转课堂译自"Flipped Classroom"或"Inverted Classroom"，也称为"颠倒课堂"，是指重新调整课堂内外的时间，将学习的决定权从教师转移给学生。学生在家完成知识的学习，而课堂变成了教师与学生之间、学生与学生之间互动的场所，包括答疑解惑、知识的运用等，从而取得更好的教育效果。

2.翻转课堂的教学流程

翻转课堂中的学习者在家里或在学校提前通过教学视频学习新知识、新概念，在课堂上师生则针对教学中的重点、难点进行交流讨论及反馈。学生通过平台学习，平台会记录下学生学习的情况，教师可以通过平台了解学生的学习情况，从而在课堂教学中有针对性地对学生进行个性化的指导答疑。

3.翻转课堂的教学意义

翻转课堂的应用使学生的角色发生了改变，由被动接受知识转变为自己掌控学习。学生可以利用导学和教学视频，根据自身情况来安排自己的学习，可以在网络上与同学、教师讨论，可以在任何时候去查阅需要的资料，也可以按照适合自己的节奏来学习。翻转课堂的应用使教师的角色发生了改变，由内容的呈现者转变为学生学习的教练。教师可以有更多的时间与学生交流，答疑解惑，参与到学习小组中，对每个学生的学习进行个别指导，提升课堂的互动效果。

翻转课堂的应用还能使教师更及时、清楚地了解学生的学习情况。学生在学习完教学视频后，教学平台会反馈相关的数据，教师登录教学平台后会了解每个学生的详细学习情况以及全班学生的整体学习情况，进而帮助教师调整教学进度和难易度，为个别学生制订辅导计划。

（二）MOOC

1.MOOC的教学意义

MOOC的出现，使教育发生了改变，学生获取知识的途径、方法发生了根本性的改变。传统的教育是教师讲、学生听，学生的学习是被动的，学生的学习是受空间、时间限制的。而以MOOC为代表的在线教育、在线练习、在线互动、在线评分、在线讨论，使得学习者的学习不再是孤立的了。所以MOOC的呈现与互动方式是针对大规模人群设计的。注册同一课程的学生可以通过加入当地的学习小组或者在在线论坛上讨论等方式，来相互促进学习。

该课程的成绩也是由学生互评产生的。

MOOC增加了人们接触教育的机会,MOOC的理想就是将世界上最优质的教育资源传送到地球最偏远的角落,让人们能够有更好的职业生涯,甚至提升智能、扩展人脉。学习者可以随时随地地接受来自全世界的不同类型的教育。

2. MOOC 的局限性

首先,MOOC学习的本质还是一种面向学习者的学习,在这个学习过程中学习者仍然是在进行人机交互,缺少学习的现场感,缺少至关重要的师生交互、生生交互,无法感受到教师的个人魅力及言传身教,这将不利于培养学习者的沟通能力、协作能力。

其次,作为一门MOOC课程,其学习者可能成千上万,面对着海量的学习者,一位授课教师可能会面对数以万计甚至更多的学生,因此很难做到与每一位学习者面对面地实时应答,只能借助信息技术手段,采用学习社区、学生互评、智能评测、个性化学习指导等方式来增强学习的互动性,在大规模和个性化之间找到平衡。

再次,基于MOOC的学习需要学习者具有较强的自主学习能力,当前MOOC课程过高的辍学率是影响MOOC教育发展的一个重要因素,多数情况下,基于MOOC的学习是学习者个体独立面对计算机屏幕的学习过程,在这个过程中,要求学习者具有较强的时间管理能力,还要有强烈的学习动机,能够自主地安排学习进度。否则,就容易受其他因素的干扰而严重影响学习效果。

最后,MOOC现在基本是以课程为单位开展教学,更多的是对模块化知识的学习,对于系统地学习某一个专业方向,目前是无法通过MOOC教育完成的,在知识的系统性、完备性方面,与传统教学模式存在着较大的差距。MOOC的自主学习目前不适合培养完备的、系统化的专业人才,只能作为传统教学的辅助与补充,使学习者可以更好地利用MOOC完善自己的知识体系。

(三)微课

微课(Micro Learning Resource),是指运用信息技术按照认知规律,呈现碎片化学习内容、过程及扩展素材的结构化数字资源。

1. 微课的分类

一般情况下,微课是按照教学标准和要求,以视频为主要载体,记录教师在课堂内外教育教学过程中围绕某个知识点(重点、难点、疑点)或教学环节而开展的精彩的教与学活动的全过程。微课按教学方法分类,可分为讲授类微课、讨论类微课、启发类微课、演示类微课、实验类微课、自主学习类微课、合作探究类微课;按教学环节分类,可分为课前预习类微课、新课教学类微课、巩固练习类微课、知识拓展类微课;按使用技术分类,可分为PPT类微课、录屏类微课、电子白板类微课、录像类微课。

2. 微课的主要特点

(1)教学时间短、内容少

微课的主要体现形式是微视频,一般微视频的时长需控制在5~10分钟,相对于传统教学来说,微课更重在体现某一个教学环节或某一个知识点的教学活动。

(2)教学主题明确

一节微课往往只体现一个教学主题,可以教学中的某个知识点、教学重点、教学难点,或者是教学实践中面临的问题及需要开展的思考、讨论等具体教学活动。

(3)信息化教学设计

微课在很大程度上是需要和信息化教学联系起来的。一节好的微课,其核心并不在技术上,而是在教学设计上,只有精心进行信息化教育设计,才能开发出好的微课。微课开发的核心在教学内容选题、教学设计,教学策略制定、教学活动实施的信息化设计上,目的在于开发支持学生进行自主个性化学习的课程。

(4)资源容量小,易于传播

微课资源因为教学时长不长,且视频格式一般都为可在线播放的流媒体格式,如WMV、MP4、FLV 等,所以微课的资源容量一般在几十兆,这些格式的大小适合网络传播及在线播放,可以支持学生及教师的移动学习。

3.微课的评价标准

(1)教学选题

选题简明典型,设计必须紧扣教学大纲,围绕某个知识点、教学环节、实验活动等展开,选题简洁,目标明确,具有个性和特色,应围绕日常教学或学习中的常见、典型、有代表性的问题或内容进行设计,能够有效解决教与学过程中的重点、难点、疑点等问题。

(2)教学内容

概念描述科学严谨,文字、符号、单位和公式等符合国家标准,结构完整,逻辑清晰,教学内容的组织与编排符合学生的认知逻辑规律,设置合理,逻辑性强。

(3)视频规范

微课视频一般不超过 10 分钟;视频画面清晰、图像稳定、构图合理、声画同步,能全面、真实地反映教学情景;使用规范语言,普通话或英语须标准,声音清晰,语言富有感染力。

(4)教学活动

达到符合学生自主学习、方便教师教学使用的目标,通用性好,交互性强,能够有效解决实际学习及教学问题,高效完成设定的教学目标,促进学习者思维能力的提升和学习能力的提高;符合创新教育理念,体现新教学方法,教学过程深入浅出,形象生动,精彩有趣,启发性、引导性强,有利于提高学生的学习积极性和主动性;,微课构思新颖,富有创意,类型丰富(讲授类、解题类、答疑类、实验类、其他类)。

4.微课的教学意义

(1)微课能促进学生进行有效的自主学习

微课短小精悍,学生可以自己选择学习的时间、地点,并根据自己的节奏来控制学习,以满足个性化学习需求。微课还能作为传统课堂学习的一种重要补充和拓展,改变了传统课堂无法顾及全体学员的弊端。

（2）微课能促进教师提高专业发展水平

设计一节好的微课需要教师对教学内容进行更细致深入的研究,准确把握教学内容和信息化手段,通过视频组成一个融教学设计、多媒体素材、课件为一体的主题资源包。制作微课能促使教师更快地掌握现代信息技术,制作微课需要了解并掌握许多相关的软件,教师在整个教学过程中,经历着"研究—实践—反思—再研究—再实践—再反思"的循序渐进、螺旋上升的过程。

（3）微课的相关教学资源便于存储和传播

有利于教师之间教学经验和方法的交流,有利于教师进行知识管理,有利于先进教学理念、教学手段、教学方法的传播。

（四）移动学习

移动学习是指学习者在非固定和非预先设定的位置下发生的学习,或有效利用移动技术所发生的学习。

1.可以让学习随时进行

移动学习方式灵活便捷,学习将不再是在特定的时间、固定的地点才能进行的活动,只要具备相应的学习设备和学习资源,学习可以随时随地进行,这种独特优势是其他学习方式望尘莫及的。

2.可以充分进行片段化学习

移动学习以其独有的学习碎片性的特点,为学习者提供了学习知识的便利,使学习者可以充分利用零碎的时间,掌握一个相对完整的知识组块。但由于时间片段化和知识碎片化,学习者在学习中所学习的知识容易缺乏系统性,如果想系统地学习某个专业的系统知识,还需要对移动学习进行深入的设计。

3.可以满足学习的个性化需求

学习者可以根据自身需要选择学习内容,以解决问题。同时,学习者也可与学习内容提供者或其他学习者进行及时的交流和反馈,不断调整自己的学习方法。移动学习的交互性可以使信息及时地双向流通,有利于培养学习者的交流沟通能力,激发学习者的学习热情,发展学习者的个性;有利于提高学习者的学习成绩,增强学习者的信心。

4.可以使学习成本降低,使学习活动更加普及

移动终端的普及使得学习者可以随时使用各种移动终端开展学习,而现在更为广泛的网络教育资源也使学习的成本大大降低,只要有学习的需求,即便是在只有极少教学设备的情况下也可开展学习。

5.可以更好地掌握学习者的学习效果

基于当前教育大数据的广泛使用,通过移动学习平台可以对学员的学习时间、登录次

数、讨论活跃度等关键数据加以统计,以了解学习者的学习习惯及学习行为,教师可以对这些数据进行分析,以此对学习者学习效果进行有效掌握。

(五)混合学习

混合学习并不是一个新名词,它的理念和思想已经存在了多年。混合学习最早是为了解决 E-learning 培训效果不理想而提出的,是结合传统教育优势与 E-learning 优势的一种新的学习方式。

混合学习所指的"混合"在大多数人的意识里是传统面对面教学和基于因特网的学习的混合。虽然混合学习不是一个新的事物,但随着信息化教学的不断深入,混合学习又出现了各种新的应用。如 MOOC 与传统课程教学进行融合,微信公众平台与传统课程教学进行融合,"云课堂""雨课堂"等与传统课程教学进行融合,这些都是基于混合学习原理的教学模式创新。

1.混合学习模式

学习者认知方式、学习目的及学习要求的差异,导致了学习者学习方式不同,学习环境存在差异,对媒体的适应度不同,解决问题的方式也不同。因此,需要将个别化的自主学习与培训者面对面的指导有机结合,对各种资源媒体实行优化组合,有针对性地灵活开展学习活动。

混合学习模式是以学习者为中心的教学模式,学习者可以通过各类资源,如学习网络课件和在线视频等方式,积极自主地学习,而教授者由教学活动中的讲授者转变为导学者和答疑者,教授者的教学设计不仅仅体现在教学的过程中,更多体现在教学环境的创设和学习过程的交流评价中。教学方式从单一的课堂教学转向学生自主学习和传统课堂教学相结合的方式。

2.混合学习的优势

混合学习模式突破了课堂授课的时空限制,能向学生提供更全面、广泛的内容,帮助学生更好地理解和吸收新知识,拓展学生的思维空间,激发学生的创新思维和创新能力。

混合学习可以更好地进行交互,师生之间除了可以面对面地交流,也可以在网上进行交流讨论,既有人与人的情感交流,又可以借助信息技术的便利性,跨越时间空间进行交流。

混合学习可以更好地利用优质的教育资源,对于一些优质的、高水平的、开放的教育资源,在教学中可以综合使用,避免低水平地重复建设教育资源,教师可以把更多的精力放在教学指导和对学生的学习行为进行分析指导上。

学生是混合学习模式的主体,可以进行按需学习,通过独立地分析、探索、实践、质疑等方法来实现自主学习的目标。学习者可以与其他学习者进行在线交流讨论,产生新的思维火花。

3.混合学习在实际操作中的注意事项

在进行混合学习设计时需要考虑到线上学习和线下学习进行混合的方式方法,根据学习情况、学习环境合理设计教学计划,使得线上和线下的学习自然融合,在设计混合学习方案时,方案要尽可能详细,特别是要具有较强的可操作性。

在进行混合学习设计时还要考虑教学资源的问题,由于多使用开放教学资源,需要提前教会学习者使用,进而培养他们主动使用开放教学资源的意识。

在进行混合学习设计时还要关注学习者之间的评价和反馈,利用线上的学习平台分析学习者的评价和反馈,及时调整课程设计。

第二节　高校教师教育技术能力发展体系

一、教师教育技术能力培训模式

通过培训,教师的教育技术能力要达到以下目标:了解教育技术在教育领域中的地位与作用,树立应用教育技术进行教育教学研究的意识;掌握教育技术应用的基础理论和操作技能,具备使用教学软件的能力;把握教育技术与学科教学整合的本质,掌握各类媒体对教与学的支持作用,具备将教育技术和信息资源用于教育教学的能力;建立科学的、基于教育技术的现代教育思想和观念,使在教育教学中应用教育技术成为一种习惯。

(一)教师对教育技术能力的需求

目前,学科教师参与教育技术培训的动力主要来自期望利用教育技术解决教育教学中的实际问题,改良教学方法,优化教学效果,从而缩小学生实际水平和教育目标之间的差距。受训教师希望通过教育技术培训,能够学习一些切实可行的、具有良好操作性的教学技能,并应用于实际教学,从而真正改变原来的课堂教学。

因此,设计培训内容时能否细致把握受训教师的实际需求,是决定能否取得良好教育技术培训效果的关键所在。培训需求的确定不仅要参照教师的内部需求,还要依据外部的社会需求,采用内外结合的方法来找出目标期望值与教师现状之间的差距,从而保证培训目标的合理性。

(二)在新的需求下教育技术培训模式的探索

1. 建立合理的培训组织

建立一套好的培训制度是保证培训得以顺利进行及取得良好效果的基础。根据培训学校的实际情况,应建立由分管校长负责、学校各部门配合的教师教育技术培训小组。

培训小组成员应当由具备教育技术专业知识及具有丰富的一线教学经验的教师组成;每组培训教师由教育技术专业教师和学科教师组成,这样可以形成知识结构的互补组合,有利于增强整个知识体系的科学性。

2. 确定准确的培训目标

在进行培训之前,由教育技术专业教师进入培训学校进行深入调研,了解学科教师掌握教育技术技能的情况、对教育技术理论的掌握情况以及对教育技术实践应用的能力,根据学校实际情况确定总体培训目标。

在培训中要强调目标的务实性、个性化和人本化,不仅要提升教师的知识和技能,更要考虑如何促进教师的专业化发展,并允许受训教师根据自己的内在需求,分层次、分阶段地确立符合自身实际的培训目标。

因为目前受训教师大多已具有了运用教育技术的意识,基本掌握了一般信息检索、加工与利用的方法以及常见教学媒体的选择与使用方法,所以我们的培训目标重点应放在培养受训教师的课堂教学系统设计方法、教学资源管理方法、教学过程管理方法、教学媒体开发方法、教学效果评价方法等与课程建设有关的技术层面上的操作性内容,并尽可能地培养受训教师在教学中开展信息技术与课程整合、进行教学改革研究的意识,运用教育技术不断丰富学习资源的意识,以及对教学资源的利用、教学过程、教学效果进行评价与反思的意识。

3.设计模块化的培训内容

在调研之后,根据受训教师的实际情况,培训教材内容应采用模块化的章节设计方法,将学习内容分成若干相对独立的学习模块,如教育技术基本理论、教学媒体的选择组合与应用、收集与处理信息化教学资源、编写教学设计方案、开发和整合课件、设计与评价教学实施计划等模块。

每个模块内容应根据教师的具体需求和初始水平分别标注不同的等级,设计体现相应教育目标的学习任务,且以活动为基本框架。具体来说,每个模块包括师生互动、小组活动、自主活动三类,将知识、技能和方法的学习融会在多种形式的实践活动中。

在培训中,应针对不同的培训模块采用不同的培训模式,没有万能的模式,只有适合于某一内容的最优模式。在培训方式上,主要采用示范教学和案例教学,辅以任务驱动学习和反思性教学。

4.采用多样化的培训模式与方法

针对受训教师的不同需求,可采用的培训形式众多,如专题培训、案例研究、行动研究、教学反思、在线培训等。我们可以使用已有的信息资源,结合教育教学实际,实现“做中学”“学中做”,促使现代教育技术和学校实际实现最佳结合,有效提升教师的信息素养。

(1)专题培训

这里的专题培训是指在明确了学校需要和受训教师需求后,由教育技术专家为受训教师进行专题培训,如讲授现代教育技术的应用、教育技术最新发展成果、信息技术与学科整合案例、学习资源的建设等,并通过专家与受训老师交流,解答令受训老师困惑的理论与实践问题等。

(2)在进行“案例研究”培训时,可采用双导师制

采用双导师制,每组有两名培训教师,分别由教育技术专业教师和学科教师组成,目的

是为了解决学科专业、技术学习间融合的问题,把培训教育技术的任务落到实处。教育技术的应用是在教学实践中的应用,在进行教学案例研究时,两名培训教师应针对受训学校和受训教师的实际情况,对教学案例进行再加工,使案例的教学目标设计、教学资源整合、教学过程呈现、教学评价内涵更具代表性与实用性。

应进行小组协作学习,因为是在职培训,所以在培训之外的时间里可以以小组的形式继续进行协作学习,小组成员以 3～4 人为一个小组,采取年龄与性别异质、学科同质的分组策略,关注受训教师的信息技术水平,确保每个组有一位以上是信息技术水平较好的受训教师,以解决学习过程中所遇到的技术问题,保证学习的顺利进行。组内成员间应开展协作和交流,发挥各自的优势,取长补短,并把个人之间的竞争转换为小组之间的竞争,促使受训教师在合作中交流和协作,相互帮助,共同成长。

(3)强调师生互动

除了在培训时进行师生互动之外,更强调在培训之外利用文字、图形、录像、声音、动画等多种形式传播培训内容;同时借助网络课程的聊天室、论坛、E-mail 等交互工具同步或异步进行交流探讨,共同提高;另外,鼓励受训教师建设自己的网络课程并辅助教学,使受训教师参与进来,积极讨论,在参与中行动,在行动中体验,使培训的时效性真正落到实处。

(4)弹性培训体制

在培训时间的安排上,充分考虑学员的教学工作等多方面因素,按照培训的阶段性目标及个人发展目标,采用分阶段集中受训方式,每个阶段之间要留有一定的时间让学员对所学知识内化,并应用到教学中,并在每个阶段之后,由培训教师通过访谈、网络交流等方式进行跟踪辅导。受训教师在培训教师的引导和帮助下,主动反思教学实践,及时发现自己的不足并不断改进自己的教学行为,同时将发现的新问题留在下一阶段的学习中解决,由此达到循序渐进的培训效果。

5.构建多维化的培训评价

提高教师教育技术能力无法通过几天培训便立竿见影,我们在培训中不仅要实现在短期培训中使教师的教育技术水平有所提高,还要能使受训教师在培训之后的实际教学工作中其教育技术水平也能够保持在较高的水平。所以教育技术能力培训的最终目标,在本质上也是一个过程性的目标。因此,在进行培训评价时应更多地采用过程性评价的方法。过程性评价采用了多维化的评价体系,包括培训教师评价、小组评价、组间评价和受训教师自评四种方式,从培训教师、小组成员和受训者这三个角度对受训教师进行评价。培训教师的评价能够在一定程度上客观地反映学生能力的变化过程。小组成员之间的相互交流、协商、评价,可以从不同层次、角度对知识和能力进行再次认知。受训教师自身的评价是对原有认知结构的改造与重组,有利于学习者成就感的形成、目标的明确、个性化的培养,使学员由评价客体成为评价主体,从而提高学员的参与性,增强学员的自我评价能力。同在培训成果展示上，尽量以受训教师的具体作品或成果来作为培训的收获，可以是辅助课堂教学的教学课件，也可以是将学到的教育技术理念运用到课堂里的一个教学设计。受训教师要对自己的成果进行汇报，可以以小组的形式，也可以以个人的形式进行，成果的评价指标又可分为作品完整性、创新性、可实施性等。

教师教育技术能力培训是一项长期而艰巨的任务，随着教育技术的不断发展以及各级教师教育技术能力水平不断提高，对教育技术能力培训的需求也在不断改变，在实施过程中，培训工作也应在培训目标、培训内容、培训模式与方法上与时俱进，以达到教育技术能力培训的最终目标，实现教师教育素质的整体提高，从而带动教育事业的总体发展。

二、教师信息素养研究的走向

（一）信息素养理论阐述

我们可以把信息素养定义为个体能判断和确定何时需要信息，并能借助媒体与技术查找、检索、识别、获取、表达、交流、评价、加工、传递、利用和创新信息的态度和能力，以及在现代信息社会工作、学习和生活中的信息责任与道德。信息素养一般包括信息意识，信息知识、信息应用能力和信息伦理道德等内容。

信息素养逐渐成为从小学到大学的教育目标和评价体系指标，成为评价人才综合素质的一项重要指标和人类生存立足的首要条件。因此，信息素养的评价体系问题愈显重要。大学生的信息素养培养问题已引起世界各国高校的高度重视，国内许多高校也逐步把信息素养教育纳入教育目标和评价体系。

作为影响教育信息化建设进程中的一个重要因素，教师信息素养的构成、教师信息素养模型构建与发展策略、教师信息素养与学校教育信息化发展之间的互动和关联等也成为值得关注的新课题。

（二）教师信息素养的文献评价

为完善我国教师信息素养评价标准的规范性及评价指标体系的合理性，我国应充分考虑大学生与教师等不同群体的信息素养差异，有针对性地制定特定群体的信息素养评价标准，并考虑到不同学科的差异性和具体评估的可操作性，尽快开展针对教师这一特定群体的信息素质评价标准的研制与开发。

（三）教师信息素养的研究趋势

展望未来教师信息素养研究的发展趋势，教育界应在以下几方面获得创新和突破。

1.教师信息素养的评价维度与体系构建

①有必要对教师信息素养的概念进行明确界定。《教师专业标准》将"具有一定的现代信息技术知识"作为对教师"通识性知识"领域中的一项基本要求。然而，这个导向性要求的可操作性不强，缺乏明确界定、说明和评价。

②对于信息素养的评价维度,国内外学者已对其理论基础和关键技术做了深入探讨,并建立了较为系列化的指标提取和综合评价方法,如模糊综合评价法、主成分分析法、数据包络分析方法等,应尽可能根据特定评价对象,比较、分析多种评价体系的成败优劣,对特定的评价指标体系进行综合评估、反馈与修正。

③探索切实可行的提高教师信息素养水平的量化评价方案,应遵守定量评价的基本原则,以科学性、可测性、多样性为特征,要鼓励教师获取及创造性综合利用信息技术,提高信息技术的应用能力在专业素养水平评价中的比重,并在评价维度及体系的各部分权重中有合理的体现。对教师信息素养水平的量化评价方案,在实施过程中应配备有效的监管机制,包括量化评价的记录、统计、计算和分析总结。

2. 教师信息素养的影响机制与运行系统

应从理论上探索教师信息素养的影响机制与结构模型,可根据文献综述和实证调查得到的数据开展关联分析,探索教师信息素养的影响机制与结构模型的各个模块。

构建和完善以信息文化素养、信息知识素养和信息能力素养为基础维度的教师信息素养的 CKA 结构模型及其构成指标。指标体系下的具体细则将针对教师的特点进行进一步细化。

3. 教师信息素养的实践模式与技术支持

作为一种意义重大的纽带与桥梁,信息技术将学校教育的各门学科融合在一起,实现了教育课程间的无缝整合。同时,我们应将信息技术自然融入学校教育的各项活动,使之成为学生学习的一个有机组成部分。教师的信息素养将直接影响信息技术与课程整合的效果,应明确教师信息素养的实践模式与技术支持模式。如全面借鉴"英特尔未来教育培训"等全球性培训项目,探索教师信息素养多样化的实践模式和整合型技术支持模式。英特尔未来教育培训这一"以技术整合的方法学习技术整合"的培训模式,为教师培养信息意识、应用信息技术提升教育专业素养提供了一个很好的环境和平台。

(四)教师信息素养研究的设计

教师信息素养的研究设计应科学地建立起教师信息素养评估体系这套多因素、多层次的独特系统。为有效提升我国教师信息素养的实证研究水平,不仅需要进行多学科的理论整合,还需要在对典型案例进行实证调研的基础上,综合研究评价标准、影响机制、优化对策等现实课题。

未来教师信息素养研究可按照"理论研究→调查分析→模块建构→实证检验"的思路进行,具体如下:

①全面搜集和深入阅读国内外相关文献,结合其他相关信息素养研究的成果,同时分析已有的对教师信息素养的研究理论,开展综合比较研究。

②通过调查深入分析教师的信息意识、信息知识、信息能力、使用信息技术的机会、参加

相关培训的机会等,对教师信息素养进行系统描述。

③在开展上述前期研究基础上,对以上所提出的各个模块进行统计分析,以了解教师信息素养的实际情况,并结合对"国培"基地和调研学校的实地调研,对相关因素展开关联分析,探索教师信息素养结构模型的各个模块。

④通过对其他层次教师信息素养培养经验与做法的借鉴,针对教师信息素养培养的显著特点,结合"国培"基地和调研学校的实践,有重点地展开分析,寻找对策。

在研究方法方面,未来研究应主要采用问卷调查法和访谈法。可自行设计分为校长卷和教师卷的"教师信息素养现状与专业发展问卷",内容保持统一,但各有侧重。并将利用问卷调查得来的实证资料,从教师信息意识、信息知识、信息能力、使用信息技术的机会、相关培训情况等方面对各个模块进行统计分析,以综合分析教师信息素养各维度的模型关系与关联系数。

总的来说,未来研究将探索教师信息素养的影响机制,为后续研究提供一个关于描述分析的范例,并通过对其他层次教师信息素养培养经验与做法的借鉴,再针对教师的独特特点,制定具有较强针对性与操作性的教师信息素养培养策略。

三、教师信息素养评价体系

伴随着我国教育信息化、网络化、虚拟化与国际化的多元化趋势,教师信息素养能力的培养与提升成为教育信息化顺利推进的重要保证,也成为教师自身职业生涯发展的必备条件。只有具备了较好的信息素养,才能快捷、有效地寻找、组织、学习、利用和创新信息,具备不断获取信息、更新知识和创造新知的不竭动力,所以,具有良好的信息素养已成为教师职业生涯发展必不可少的时代性标志。

信息素养培养过程具有系统性,应通过建立完善的评价标准与考核机制,量化评估教师信息素养,更为科学合理、目标明确地促进教师规划并实施继续教育与进修学习,切实有效地提升自身信息素养与促进职业生涯发展。

教师信息素养评价体系是对教师应具备的基本信息素质所做出的总体测定,评价指标确定是否恰当,关系到能否对评价起到积极有效的作用。教师信息素养评价体系要经历确定评价指标、分配指标权重、编制评价标准、体系检验评价、量化结果等设计步骤,每一步骤又包含相应的环节和方法。

(一)评价标准与原则

信息素养评价标准是信息素养教育评价的主要依据,也是准确判断受评价人信息素养程度与水平的重要标尺。

信息素养评价标准构建应按照一定原则来选择和组织,以使标准能细化为可以度量的多个评价指标,符合合理性、科学性、全面性、客观性、可操作性和完备性等原则。教师信息素养评价标准是一个多层次、多结构的复杂系统,整体上具有科学性、可测性、量化性,时代性等特点,可划分为满意度评价、通用信息素质评价、基于学科的信息素养评价和反馈评价等四个层次。同时,教师信息素养评价在实践操作上应注重评价体系的整体性、评价人员的多元化、以生涯发展绩效为基础、评价指标及权重灵活、评价应具有可持续性等原则。

(二)评价维度与内容

一般来说,信息素养评价应将信息能力作为核心要素,还应考虑信息意识、信息知识和信息伦理道德等方面。教师信息素养评价体系的评价维度应着重考察教师的信息意识与态度层面、信息技术掌握和操作层面、运用信息技术解决教学与科研实际问题的整合创新能力层面等,并在评价操作层面分为目标层、准则层、措施层等定量计算的应用指标体系层次。

具体到教师信息素养评价体系的评价内容,教师首先要形成较强的现代信息意识,对信息的特征、本质、态度和价值应当有足够的认知,应具备较强的信息敏感性、洞察力、分析判断及决策能力等;教师应充分了解信息资源分布、媒介形式、传播途径、类型与评价等;教师应根据学科要求,具有信息的获取、检索、表达、交流等技能,能利用所获信息解决教学和科研中的信息问题并进行创新;高尚的信息道德对当下教师信息素养非常重要,教师应自觉遵循学术自律与诚信,抵制学术剽窃与腐败。同时,要重视对学生的信息伦理教育,培养学生健康获取和运用信息的信息伦理观念与道德规范。

(三)评价体系构建

教师信息素养评价体系可分为信息意识及对信息化的理解和态度、理解和运用多种信息技术的能力、信息伦理与安全等三个一级指标,相对应设定十个二级指标。二级指标作为一级指标的进一步细化和具体化,目的在于处理评价体系的难易适度,使其切合实际需求,符合不同类型院校对信息素养的评价要求。

需要特别指出的是,在教师信息素养评价体系中,并非所有指标都同等重要,它们对教师信息素养标准的贡献程度各不相同,可采用专家评定法来确定指标权重系数。

提升教师信息素养水平是实现我国教育信息化战略的关键环节。研究和设计全面、合理、科学、严谨的教师信息素养评价体系,对切实提升教师信息素养、稳步推动教育信息化具有积极意义。

第六章 多元视角下我国高校青年教师发展提升

第一节 我国高校青年教师发展内容

一、培养教育情感

情感是对客观事物所持态度的体验。情感和认知、意志一起共同构成人们的心理过程，三者的区别只是相对的，在实际生活中，它们相互联系、相互制约。情感是指人的意识有某种倾向性，对人的行为有发动和抑制的作用。教师的情感必须符合教育的要求。教师应当是一个热爱教育事业和学生的人，一个愉快从教的人，一个能从育人活动中体验到无穷乐趣的人，一个能主宰自己情绪的人。积极而稳定的情绪生活，既能促进教师的专业发展，又有益于学生健康成长；反之，则既令自己痛苦不堪，又给学生带来伤害。

（一）师爱情感的培养

热爱教育事业、热爱学生是教师职业道德的核心，它具有强大的教育力量。师爱是解决教育难题、打开学生心灵大门的钥匙，是使学生将教师要求自觉转化为自身行为的催化剂，是教师专业发展的动力之源。

爱一项事业，爱别人，作为一句口号无动于衷地喊一喊也许不难，但是作为一种发自肺腑的情感，并渗透在言行中，遇到挫折能坚持、不消退，而且随着时间的推移，这种爱变得更加细腻且发自内心，是一件非常不容易的事情，师爱就应该是这样的爱，它要求教师在职业生涯发展的过程中，从无到有，从小到大，从单薄到厚实，从易挫到坚韧，从抽象到具体，从个别到一般，从被动到自发。爱的萌芽、成长和成熟，需要教师本人的敏感体悟，精心呵护，不懈培养。

情感不是天生的，而是通过后天的学习形成的。情感的生成需要一定的条件，没有"干一行"的经历，就没有"爱一行"的情感；没有生养、教育孩子的经历，就难以形成甚至理解"疼爱孩子"的感情。青年教师，就职业经历而言，尚处于入门阶段；就人生经历而言，过去多"被爱"少"爱人"，缺乏师爱形成的基础。即便有些喜欢教育、喜欢学生的体验，也是稚嫩的、易碎的、零散的，与成熟的师爱相距甚远。因此，青年教师应该注重师爱情感的培养。

青年教师在师爱修炼中要牢固树立以下意识。

1.坚信师爱的巨大教育和发展力量

教育不仅是一项传授知识和讲解道理的活动,更是一项充满感情的活动。学生是理性的,也是感性的。同样的道理,这个教师讲和那个教师讲,对学生的影响可能不同。这里除了讲道理的方式方法的可接受性存在差异外,更重要的原因是不同的教师跟学生的情感好坏和程度不一样。学生爱哪个老师,就更可能相信他的话,更致力于学好他教的课,犯了错误就更有内疚感,因此,教师的要求很容易内化为学生的自我要求;反之,教师的话可能就成为耳边风,甚至导致学生故意跟教师对着干,这时教师的教育功能就丧失殆尽。

教师也是一个感性和理性兼容的人,教师专业的发展需要理性目标的导向和激励,更需要情感的激励和推动。一个充满师爱的教师,由于责任感和快乐的体验的驱使,就更善于发现专业发展中出现的种种问题,更有毅力克服专业发展过程中的诸多障碍,不断地提升自己的专业发展水平;反之,就可能疲于应付,心力交瘁,日复一日,难见长进。

2.懂得师爱其实是造福教师自己

佛语有云,爱心其实是奉献给自己的。从主观愿望上看,爱心自然是献给别人的,但从实际效果上讲,一个有爱心的人,是真正懂得养心之道的人,他使自己的心永远年轻、敏感、鲜活、善良,常常也能赢得别人对自己的爱。师爱也是一样,它既造福学生,也造福教师自己。一个人在"爱着"的时候,是身心状况最健康的时候,此时,其情绪体验是舒适的,生理反应是松弛的,免疫功能是增强的。常言道,送人玫瑰,手留余香,你努力使别人快乐,也能使你自己快乐。因为当你帮助别人时,很少会想到自己,能使自身的心灵净化,得到更大的精神满足。帮助别人,不仅能帮人解决困难、减少烦恼,还可以结交更多的知心朋友,得到更多的快乐。所以,你对别人好的时候,也是对自己好的时候。爱学生的教师最轻松、最快乐,而师爱与生爱相互作用及由此产生的"共振",能让教师生活在无比幸福的环境中。

长期以来,教师因其在教育工作中巨大的身心投入和付出,被人们誉为"蜡烛""照亮了别人,燃烧了自己"。于是,许多教师把身体的透支、心理的劳损等视为自己取得工作成绩的必然代价。认识上的误区常常带来灾难性的后果。应该说,这样的教师是可贵的,但却是有缺陷的。这种认识会带来教师严重的身心问题,也会使得某些教师因爱惜身体而懈怠工作,还会使得一些年轻人害怕甚至回避选择教师职业。其实,教师的教育佳绩并非一定以身心健康来换得。我们在一些优秀教师的身上看到了教育佳绩与身心健朗的和谐统一,他们在长期的教育实践中,童化了心灵,纯化了心灵,美化了心灵,能抵御世俗的污染,纯洁高尚,幸福乐观,健康长寿。他们用自身的经历向我们揭示了教师工作"自利利人"的本质。反过来讲,没有身心健康这一基础,教育业绩的取得也就丧失了依据。很难想象,一个身心健康状况糟糕,连基本的工作时间都难以保证的教师会取得好的教育效果。也很难想象,一个连自己身心都不健康的教师,能培养出心理健康的学生。

3.师爱是要经受考验的

丰富多彩的教育活动,活泼可爱的学生,让新入道的教师"爱上"也许不难,但这种爱能否经得住时间和挫折的考验,并使之日益升温和强化,成为从事教育工作的主导情感,却是很多教师无法做到的。师爱的发展通常会经历自然—自觉—自发三个阶段。自然的师爱在遇到考验时难以持久。例如,当你看到付出的爱在一段时间没有收到预期的教育效果,甚至收获的是学生的对立和敌意时,你就可能怀疑爱的教育力量,甚至准备放弃它。其实,这启迪我们,学生的转变和发展是需要时间、需要等待的,问题不是出现在爱上,恰恰可能是爱得不真、爱得不深,爱的表达需要进一步优化。意识到这一点,我们才能培养真正的爱、深沉的爱,学会师爱的正确表达,这就进入了师爱的自觉阶段。深厚而绵绵不绝的师爱,换来了学生的健康发展,而学生的健康发展,又反过来激发教师对学生的深深爱意,持久的良性循环后,师爱便发展到自发阶段。到了这一阶段,师爱对于教师而言,便是一个再自然不过的事了,不需要自我提醒,不需要刻意为之,随意而为的一言一行都渗透着深深的爱,体现着爱。

(二)理性地看待教育

理性信念常常带来愉快体验,即使有时不愉快,这种不愉快也多属于正常情绪。非理性信念则让人更经常地体验到苦恼。常见的十条非理性信念:①对于我所做的每一件事,其他人都必然帮助我和支持我;②对于任何人的错误和有害行为,都必须给予严厉惩罚;③如果事实不像我所设想的那样,那太可怕了;④不幸之所以发生,都是由于外界或其他人引起的;⑤如果有些事情可能是危险的和可怕的,我就应该为之担惊受怕;⑥回避困难比正视困难容易;⑦我必须依赖比我更有能力的人;⑧我必须胜任我所有的一切,并得到别人承认;⑨曾经强烈影响过我的事,必定永远影响我;⑩别人对我是至关重要的,因此,我必须尽力把他们改变成我喜欢的人。韦斯勒等总结了这些非理性信念的三个共同特征:绝对化的要求、过分概括化和糟糕至极。绝对化的要求是指以自己的愿望为出发点,认为某一件事情必定会发生;过分概括化是指以偏概全、以一概十;糟糕至极是指将一件不好的事的发生看成非常可怕、非常糟糕的,如灾难临头似的。

(三)做好压力管理

压力是一个人处于威胁性刺激情境中,一时无法消除威胁、脱离困境的一种被压迫的感觉。一个人在生活和工作中难免承受压力,适时、适度的压力有益于身心健康,即所谓"无事"容易"生非"。但压力太大或压力虽然不是很大却长期持续存在,对身心健康的危害极大。累积的压力对人的生理、情绪、认知和行为都会带来不良影响。它会导致一些生理疾病,如高血压、偏头痛、腰酸背痛、心脏疾病、肠胃疾病、月经失调和皮肤病等;它会造成人体免疫系统功能减弱,使人变得更容易生病;它会破坏情绪,使人变得忧郁、焦虑、失望、无助、沮丧、浮躁不安,容易动怒;它会降低认知效率,造成注意力狭隘,记忆力减退,思考僵化不能灵活变通,问题解决能力降低;它会阻碍心理功能的正常发挥,甚至形成异常行为。

当前校园问题日益严重,教育竞争日趋激烈,教师评价指标具体、繁杂等多方面的原因,使教师体验着前所未有的压力。虽然青年教师是刚入道的新手,但在工作要求和工作量方面通常不亚于其他教师,甚至还承担着更多的任务。青年教师的工作能力与工作职责之间存在着较大的差异,他们面临着巨大的发展压力。青年教师要学会有效地应对压力,避免职业倦怠感的产生。

1. 减少不必要的压力源

避免压力过大的方式之一就是懂得"量力而为",也就是不让自己绷得太紧,不要凡事都揽到自己身上。还要对未来保持"合理的期待",要评估自己的资源和条件,一步步实现自己的目标,而不是期望短时间内有大的改变。另外,不要和别人比较。每个人的情况不一样,没有比较的价值,要把比较点放在自己身上,努力每天有所进步。

2. 提高自我效能感

在相同的情境下,个人对自己所持的看法与信念不同,行为效果就不一样。自我效能感就是个人对自己获得成功所具有的信念,也就是对个人能力的判断、对自己的信心程度。高自我效能感的人倾向于相信自己拥有的资源可以应付所需,当遇到有压力的事件时,会将其视为"挑战",而不是"威胁"。已开始就认定自己不行,遇事惊慌失措,结果自然糟糕,更加坚信自己无能,形成恶性循环。当然,信心不是盲目的,能力不是凭空产生的,青年教师要在教育实践中不断提升自己解决教育问题的能力。

3. 学习有效的解压对应措施

针对不同的压力源和自己的实际情况,可分别采取以下对应措施。

①解决问题。直接采取行动解决问题,包括评价压力情境,找出不同的解决方案,择优付诸行动。

②暂时搁置。接纳压力,但暂时搁置不管,稍作调整以增强解决问题的能力。

③改变。从正向角度重估自己的认识与情绪状态,借由自我增强和调整认知、情绪状态以解决问题。

一般而言,人们面对压力时的反应可以分为问题解决取向和情绪焦点取向。问题解决取向是将重点放在问题本身,先评估压力情境并采取适当措施来改变或避开压力,以有效和建设性的行为直接解决威胁的压力情境。情绪焦点取向则是个人在压力下的情绪,不直接处理产生压力的情境,而先改变自己的感觉、想法,专注于减少压力对情绪的冲击,主要目的在于使人感觉舒服一些,压力源并没有改变。哪种措施对个人最有效,需要以评估整体情形而定,如果一个人处在激动的状态下,也难有办法思考解决之道,可以先采用情绪焦点取向应对,先缓和情绪再进行下一步。然而一味地固着在情绪调整方面,问题可能更加恶化,使自己的情绪更为痛苦。因此,必须综合考虑主客观因素,合理应对。

4. 用积极的想法支配自己

视施加压力事件为"麻烦"不如视之为"锻炼机会",视失败为"倒霉"不如视之为"天将降大任于斯人也"。

5.利用好时间

学会时间管理,该做的事情马上做。今日事,今日毕。拖拉只会使压力更大,压力作用的时间更持久。

6.培养幽默感

幽默感可以化解压力,促进身心健康。有研究指出,笑对身体的影响与运动相似,它不但能增加氧气的交换律、肌肉活动和心跳,还能适度刺激心脑血管和交感神经系统,释放神经传递介质儿茶酚胺,刺激人体天然止痛剂胺多酚,提升人体对痛觉的阈限,增进免疫系统的功能,使处于压力下的个体的免疫系统功能不至于降低。在心理健康方面,幽默的创造或对幽默的欣赏,能释放人们内心的攻击与焦虑情绪,维持心理平衡,减轻抑郁症状。

7.建立社会支持网络

社会支持网络是个体应对压力的外在资源,主要是指人际的支持与引导。青年教师要注意形成良好的教育人际关系和生活人际关系。

二、形成教育技能

教育技能是通过练习形成的熟练地帮助教师顺利地完成教育任务的活动方式。教育技能的掌握,能有效提高教师工作效率,使紧张的教育工作变得相对轻松,有助于教师将注意力更多地集中到教育创新上。基本教育技能的训练是青年教师专业发展的重要内容。这里简要介绍青年教师必须掌握而职前培养相对忽略的教育技能。

(一)学习动机激发技能

有效的教育以激发学生的动机为前提。当前的教育问题,不是学生"不能学",而是"不想学""不愿学""不乐学"。在教育需要较为强烈、教育供给相对不足的时代,教师多关注教的方面,对学生学习动机和兴趣的激发不做刻意的追求,看起来似乎对教育的影响不是太大。今天的教师如果依然如此,教育工作就必然难以展开,有的甚至连课都上不下去。一个教师如果不能掌握学生学习动机激发技能,其他的技能可能就没有用武之地。

1.学习动机概述

在心理学中,学习被定义为由个体经验的获得所引起的行为或行为潜能的相对持久的变化过程。这一定义的含义十分丰富,知识的获得、技能的形成、能力的发展、习惯的养成、价值观的确立、人格特质的定型等,都是学习的结果。

学习动机是指个体发动、维持其学习活动并使其指向一定学习目标的内部动力。学习动机的心理结构主要包括需要和诱因两个因素。诱因是能够满足个体需要的客体、情境和条件。就两者的重要程度而言,需要是更为基本的因素。

学习动机有内部动机和外部动机之分。内部动机是由学习活动本身提供奖励所维持的动机。此时学习者的目的指向学习活动本身。典型的内部动机是兴趣、操纵的欲望。外部动机是由学习活动以外的情境提供的奖励所维持的动机。此时学习者指向学习活动以外的目的。典型的外部动机是赏罚。

也有人将学习动机分为亲和动机与成就动机。亲和动机是希望同社会中的人保持亲近关系的动机,如父母的喜爱、教师的赞许、同伴的羡慕等。成就动机是个人对于他认为有价值的工作愿意去做,并力求有所成就的动机。例如,认识到学习的意义,并希望通过学习来增进人生的幸福。

2.影响学习动机的因素

(1)强化经验

行为主义心理学研究表明,行为的后果决定行为的巩固或消退。在过去的学习经历中,个体的努力如果取得了他所期待的结果,如成绩的进步,父母、教师的表扬,他就倾向于以后更加努力。反之,个体的努力得不到成功体验的强化,得不到外界的承认和肯定,他就可能放弃。再如,学生若尝到学习中的投机行为的甜头,他就可能更多投机而更少努力;若尝到苦头,他就可能放弃侥幸心理而脚踏实地。

(2)需要层次

人有五种由低级到高级排列的基本需要,分别是生理需要、安全需要、归属和爱的需要、尊重需要和自我实现的需要,不同的人,同一个人在不同时间,其优势需要可能不同。优势需要是动机决定的因素。学习目标的确立、学习内容的选择、学习过程中的情感体验和坚持性,都受到优势需要的制约。

(3)成就动机

追求成功的人喜欢选择有50%把握的、有一定风险的工作;避免失败的人倾向于回避有50%把握的工作。成就动机倾向不同的学生,在学习的自我要求、学习竞争的主动性、学习过程的创造性等方面表现不同。

(4)归因模式

归因是指个体对某一事件或行为结果的原因推断过程。归因影响个人期望的改变和情感反应。研究发现,个体往往具有相对固定的归因模式,有人习惯从自身找失败的原因,有人习惯从外部找失败的原因。学生对自己学业成败结局原因的推断的过程叫学业成败的归因。不同的学业成败归因模式,对学生学习动机会产生不同的影响。例如,将学业成败归因于自身努力的程度,通常会强化学习动机;归因于运气好坏,通常会弱化学习动机。

3.激发学习动机的一般策略

综合各家观点,对如何帮助学生乐学、愿学,提出以下通用策略和原则:

①明确陈述学习目标和任务,使学生的学习行为具有明晰的方向感。

②增加学习内容的现实感,以学生熟悉的事例说明所要呈现的主题,使学生对学习的个人价值与社会价值有着切身的经验。

③提高学生的自我效能感,使学生对自己的学习能力有正确的认识,从而增强自信心。

④教师对每个学生都寄予积极的期待,以激励学生朝着教师所期待的方向努力。

⑤根据不同学生的实际情况,创造条件让每一位学生获得成功。

⑥优化学生的学习成绩,学生喜欢的学科通常是他们学得好的学科,使学生对某学科有兴趣的最好方法莫过于把他教会。

⑦利用学习内容的新异性、悬疑性、差异性和不确定性,创设问题情境,引起学生认知冲突,激发学生好奇心。

⑧在可能的情况下,让学生独立发现新知识。

⑨采取直观的或学生参与活动等方式呈现教学内容。

⑩满足学生的基本需求,建立良好的师生、同伴的互动关系,提供一个安全、接纳、信任的教学环境,使学生在无防御的心态下进行自由的探索。

(二)师生沟通技能

沟通是形成良好师生关系的前提条件,没有沟通,便没有教育。不容回避的是,时下的师生沟通遭遇到了前所未有的困难。相互理解和尊重变少了,对立和责难增多了。决定师生沟通状况的关键一方是教师。学生放弃或抵制与教师沟通,大多数是因为在过去的师生沟通经历中,学生体验到过多的委屈或不满。

客观上讲,没有一个教师不希望有一个好的师生沟通,更不会有教师有意去破坏师生沟通,实在是因为师生沟通较一般的沟通更难一些。

1.立场不同

身在不同的位置,扮演不同的角色,看待问题和处理问题便会有差异。正如管理者和被管理者,虽然有着共同的利益和目标,但对具体事物的态度难免存在冲突。教师是教育者,学生是受教育者,教师与教师容易沟通,学生与学生容易沟通,因为他们有共同的立场,而教师与学生的立场不同,所以沟通起来相对有些困难。

2.代际差异

代际差异俗称"代沟",是指两代人由于成长的背景不同,在价值观和行为习惯方面会有差异甚至是冲突。教师与学生就年龄来说通常是两代人,即使是年轻教师,他们实际上也已成为上代人的化身,他们代表上代人教育下一代,循环着授权者的价值规范。两代人难免分歧多。教师是站在"代沟"的最前沿与下一代对话的人,这种交流通常受到代际差异的纷扰,社会变迁越是迅速,"代沟"形成的周期便越短暂,"代沟"越深,沟通便越困难。

(三)行为塑造技能

学生的行为问题是当今校园的普遍问题。矫治学生的不良行为,塑造学生的良好行为,是教师的重要任务。

1.行为塑造的理论基础

行为塑造是行为主义学习理论的延伸和应用,是依据行为主义学习理论的基本原理,制定一定的程序来处理特定的行为,促使其产生某种变化的技术。自20世纪初华生的行为主义心理学产生以来,行为塑造技术得到了迅速发展,成为心理学应用的一个重要标志。行为塑造技术有一套规范的操作程序,对许多问题行为有明显的干预效果,是一项重要的教育技能。

2.行为塑造的具体方法

行为主义论者认为,所有行为(正常的、异常的)都是学习的结果,不当行为是个体在过去经历中的不当强化或模仿造成的,革除不良行为要经历一个重新学习的过程。通过重新学习,用对刺激的适当反应来替代原有的不适当反应。这里列举系统脱敏法、厌恶疗法和示范疗法。

(1)系统脱敏法

系统脱敏法的一般治疗程序如下:

①建立焦虑等级层次。依据求治者的主观感受,治疗者与求治者共同设计出一个对焦虑情境的由轻到重的分级表。

②进行放松训练。放松训练是对身心活动的自主控制学习。治疗者指导求治者学习放松身心的技巧,把注意力集中在身体肌肉的活动及保持心境平静上,养成随时可借由放松自己抵制外在刺激干扰的习惯。通过放松训练,用身心松弛的反应来替代焦虑反应。

③想象脱敏训练。让求治者在身心松弛的状态下,从最低层次开始,想象引起焦虑的情境,并用手指示意主观不适层次。如果想象焦虑情境时,身心可保持松弛,就进入较高一层次的想象。如果想象时出现焦虑情绪,应尽量忍耐,不可回避或停止,并同时进行放松训练予以对抗,直至达到最高层次的焦虑情境也不引起焦虑反应的时候为止。

④实地适应训练。让求治者在实地情境中,从最低级到最高级,循序渐进逐级训练,最终能够平静地对待焦虑情境。

(2)厌恶疗法

厌恶疗法是应用具有惩罚性的厌恶刺激来矫正和消除某些适应不良行为的方法。其基本原理是让欲戒除的目标行为与某种不愉快的惩罚性刺激结合出现,以对抗原已形成的条件反射,形成新的条件反射,用新的行为取代原有的不良行为习惯。

临床上常用的厌恶疗法有电击厌恶疗法、药物厌恶疗法和想象厌恶疗法三种。教育实践中常用的是想象厌恶疗法,这是将对厌恶情境的想象与异常行为相结合的治疗方法。如有某种不良行为习惯者,当其出现不良行为或欲望时,让其立即闭上眼睛,想象自己曾因此种行为被批评、惩罚的场面和由此产生的痛苦情绪,以达到减少或控制这种不良行为或欲望的目的。有时也采用由电击厌恶疗法演变而来的橡皮圈疗法,在手腕戴上橡皮圈,当不良行为和欲望出现时,立即用橡皮圈弹击皮肤予以阻止。

（3）示范疗法

教育者提供示范，让学习者模仿，进而达到教育目的。不良行为的形成不少是缘于过去身边缺乏适宜榜样而向不当学习对象学习所致。示范可采用多种方式，如治疗者本身的示范，生活中他人所提供的示范，电视、录像或有关读物所提供的示范，生活中其他人所提供的示范，在角色扮演中模仿、再现角色的行为等。

3.行为塑造技能的训练

行为塑造的目标行为是有待处理的行为，或者说是努力使之发生变化的行为。目标行为可以是需要革除的不良行为，如抽烟、网络成瘾行为等，也可以是有待培养的良好行为。目标行为应该是客观的、可观察的和可测量的，不可模糊笼统（如缺乏学习动机）。

选择目标行为时，还必须分析行为和环境因素的对应关系。明确问题行为是因为受到哪些背景线索的强化而习得的，在什么样的情境中会出现适应行为，以便随后进行行为干预。

判断学生的某一行为是否确实属于问题行为，是行为矫正中极其重要而又常被忽视的问题。被某些家长、教师甚至是学生本身认定的"问题行为"，可能是一个很正常的行为，强行矫正，会带来严重的不良后果。

第二节　学生视角下高校青年教师教学能力

一、加强语言表达能力的锻炼

大多数青年教师并不具备师范的背景，所以缺乏较强的课堂表现力，具体表现在语言的组织与表达上。课堂是教师与学生的直接交流场所。教师的行为举止都被放大，这不免让缺乏教学经验的青年教师感到窘迫与紧张。青年教师需要提升自信心，在穿着上尽量选择大方得体的服饰。在课堂上面带微笑，与学生进行眼神交流，在和学生互动的时候，可以靠近学生，不必站在讲台前。说话的时候，不仅要带有感情，还要控制自己的语调、语速以及噪音。青年教师可在工作之余留一些时间朗读文本材料，或者在空旷的教室模拟上课。语言表达能力是教师的专业基础，不容忽视。因此，青年教师务必投入时间与精力不断提高这一能力。

二、积极探索多种教学方法

青年教师要转变传统的教学方法，由注入式教学转变为启发式教学。启发式教学在教与学的关系上，既肯定了教师的主导作用，又强调了学生是具有强烈主观能动性的行为主体。我国著名教育学家叶圣陶先生曾提出"教是为了不教"。教师是学生求学路上的引导者。这种引导是带领探索未知的领域,让学生在探索的过程中收获判断、感悟、反思、创新的能力,这恰好也是学生生存必不可少的条件。因此,青年教师在探索教学方法的时候需要将启发式教学作为指导原则。

①案例教学法。举例子是说明问题的一种手段,案例教学法就是以此为基础,扩充教材内容的教学方法。对于大学生群体来说,获得实践性知识比陈述性知识更为重要。教师通过列举案例组织学生共同学习与探究某个问题,为学生提供了理论联系实际的机会。青年教师在授课前要精心筛选与编写案例,案例一般以文字材料为基础,包括事例的内容和数据。既要保证案例的真实性,也要使案例具有吸引性。在授课的过程中,青年教师要将话语权留给学生,将学生分成若干组,引导学生以讨论的形式分析案例。在最终的评价环节,青年教师可以将学生的发言与教学内容相结合,也可以指导学生,让学生得到最后的结论。

②发现法。发现法也称"发现学习法"或"发现学习",是学生运用教师提供的按发现过程编制的教材或材料"再发现",以掌握知识并发展创造性思维与发现能力的一种教学模式或教学方法。采用发现法教学,需要青年教师具备较高的教学设计能力。青年教师在吃透教学内容的基础上,要努力找出新的知识与学生现有知识之间的关系并将此作为引导学生发现问题的线索。而在学生探索新知识的过程中,青年教师要给学生必要的提示,防止学生偏离正确的方向,待学生解决问题之后,帮助学生将获得的知识进一步结构化、系统化地整合。

③情境教学法。情境教学法是帮助学生将无形的知识转换为能够在实际生活中灵活运用的技能的教学方法。青年教师可以结合学科背景将课堂转换为知识产出的某个真实的情境。在创设的情境中,学生不再是被动的接受者,而是展现知识的主角。这不但增加了学生的知识储备,还提高了他们学以致用的能力。但因为情境教学法存在许多不可控因素,这就要求青年教师具备处理课堂突发状况的能力。青年教师在统筹全局的基础上,不能忽视细节问题,例如学生微小的动作、说话的语速、神态等。

三、将科研与教学有机地统一

随着年级的上升,学生对教师教学内容的深度、广度以及前沿性都有了更高的要求。青年教师可以将研究的科研成果转变为教学的内容,让学生及时了解所学专业的前沿信息。青年教师经过多年求学的历练,具备了很高的科研能力,因此青年教师也可向学生讲述自己在研究过程中的体会与经验,从而激发学生的探索欲。青年教师对低年级的学生以介绍科研信息为主,对高年级的学生则要侧重讲授研究方法,让他们参与科研项目,在研究中学习。通过与学生的共同探讨,青年教师一方面能够更加全面地了解学生,另一方面也能够基于学生看待问题的角度获得新的想法,从而实现师生的双向提升。

四、合理利用信息技术手段

信息技术的快速发展促成了 MOOC（慕课）、翻转课堂的出现，拓宽了学生学习知识的渠道。学生可以通过网络获取学习资源，自学相关课程，这就需要教师教学能力的重构。青年教师精力充沛、对新事物的接受与学习能力强，这有利于他们很快适应信息化背景下的教学。青年教师要学习多媒体设备，除了熟练使用 PowerPoint 外，还要探索其他的 Office 软件。青年教师要利用信息时代及时学习的特点，鼓励学生通过网络自学获得知识。但这并不是减少自身的教学任务，相反，青年教师需要了解学生现有的知识储备以及他们的学习心理，结合教学目标来编排教学内容，看哪些适合课堂着重讲解，哪些适合学生课后自学。而在学生自学的过程中，青年教师也应向学生提供高质量的线上资源，以免学生把时间浪费在搜集资料之中。

五、确立公平、多元化的学生评价体系

青年教师应采取过程性评价方法，将学生平时的学习表现（小组合作项目、阶段性测验）与期末的测试构成最终的评价体系，并合理制定各部分的占分比例。此外，客观公正的评价方式也有利于教师验收教学效果，改进教学。青年教师在制定评价准则的时候，要与学生协商，而不是以绝对的权威者身份独占评价的主动权。例如，课堂的考勤方式是否需要严格执行，对待迟到与缺席的情况，怎样的奖惩形式既能起到警示学生的作用，又不会过于苛刻；课堂的发言和表现是否应该算入平时的学分；学生更倾向开卷测试还是闭卷测试；等等。青年教师要在与学生协商之后制定完善的评价细则，从而为教学活动提供民主、透明的环境。

六、青年教师要善于进行教学反思

教师的教学发展过程作为一种反思性的实践过程，目标高远，任务复杂，教师应坚持以学术取向积累教学的实践智慧，把教学看作持之以恒的探索过程。首先，青年教师要正视自己。青年教师在学生时期就是同龄中的佼佼者，但是踏入工作岗位后，因为缺乏教学经验，不免受到学生的质疑。面对负面评价的时候，青年教师要虚心接受，而不是一味地忽视与逃避。其次，青年教师要学会沟通。青年教师要多与学生交流，认真听取学生的意见，明白学生的需求，而不是一味地秉持着"让学生接受"的教学观念。再次，青年教师也要多与同事沟通，包括同龄的教师和资历较深的教师。这样不仅可以解决自己在教学方面的困惑，还可以吸取他人优秀的教学经验。最后，为了更好地改进自身的教学水平，青年教师可以录下自己的课堂教学行为，通过课后的反复观看，思考忽视了哪些细节以及在教学中还要有哪些突破。教学能力的发展是一个持续渐进的过程，一味模仿的青年教师不会有任何突破与长进，只有本着对自身负责的态度，善于用分析、批判的眼光看待自己的教学，才能在领悟教学实

践的意义之后，形成属于自己的教学风格，最终使自己的教学能力有显著提升。

第三节　组织文化视角下高校青年教师发展

高校青年教师发展以提高高校青年教师的教学能力和研究水平为核心任务，包括青年教师的教学发展、组织发展、专业发展和个人发展；高校青年教师发展要求青年教师在专业水平、教学能力、科研能力和品德素养等方面得到提升，它既指明了高校青年教师发展的任务，也指出了高校青年教师发展的内容。

当今的青年教师正处在社会经济快速发展和生活方式不断更迭的时代，伴随着社会上形式主义、实用主义、功利主义价值观的盛行，高校出现了管理行政化、科研数量化、教师评价方式形式化等现象，部分教师产生职业倦怠感、工作压力增强，高校青年教师发展面临着困境与挑战。这些困境与挑战将如何解决呢？高校组织文化作为高校指导思想、管理理念和办学宗旨的体现，它是被学校主体所接受和承认的价值观念、道德规范和共同目标。一种优秀的组织文化，能够让青年教师体验到归属感、凝聚感和方向感。本节将以组织文化为切入点，结合组织文化的物质文化、制度文化、精神文化的划分，从理念、机制、路径三个层面提出高校青年教师发展的策略，从而促进青年教师的发展。

一、理念层面

理念层面的建设反映出高校组织文化核心价值观的要求，统一和规范着高校师生的思想，是高校群体形成自身特质的根源，也是高校组织文化中精神文化的体现。一所好的高校，必须有先进的理念支撑。

（一）以人为本的价值理念

优秀的组织文化最重要的特点表现在对人的尊重、对人的关怀和对人的价值的充分理解上。这也是组织文化理论的中心。在建设学校组织文化的过程中，要重视来自各方面不同的意见，营造民主平等的管理氛围。同时，充分考虑到青年教师的心理，刚进入学校的青年教师，由于对自身的职业发展、专业发展方向没有足够的认识，理想与现实容易产生差距，面对这些问题青年教师往往感到迷茫，容易产生职业倦怠，再加之教学、科研和生活方面的多重压力，青年教师往往力不从心。要从高校青年教师的实际需要出发，肯定青年教师的价值，以理性和平等的理念促进青年教师发展。

（二）互助合作的思想观念

在当今社会的多元化背景下，高校要鼓励青年教师树立互助合作的观念，努力营造合作学习、互助进步的氛围。通过组织青年教师学习理论、教学评课、岗位培训等活动，为青年教师提供互相学习的平台，促进青年教师教学、科研能力的全面提升；通过系列人才培养计划，加强对青年骨干教师的培养,对于有潜力的优秀青年教师给予重点培训,使他们成为学术带头人,从而带动其他青年教师发展;通过发挥老教师的"传帮带"作用,使青年教师感受到院校的优良传统,理解学校的文化特色,增强组织认同感。;还可以通过"教工之家"的系列活动,帮助青年教师解决工作和生活上的困难。这样通过互助合作活动,新教师融入团队,新老教师之间得到了沟通和交流,新成员之间也相互切磋,增强了团队凝聚力和归属感,能够更好地促进青年教师教学水平和学术能力的提高。

(三)确立共同愿景

高校确立共同愿景对组织发展是至关重要的,愿景就是教师共同的愿望,它为高校青年教师的学习提供了奋斗的目标。高校首先要确立共同愿景,将全校教职工凝聚在一起,在组织成员共同参与的基础上,制定高校组织的发展规划,使个人发展目标与高校发展目标达成一致,最终形成为高校共同愿景奋斗的凝聚力。共同愿景不能由高层管理者单方面确定,它是由组织内成员的个人愿景汇聚而成的,是个人愿望与组织发展的协调统一,这样产生的共同愿景才会根植于个人的价值观、思想和行动中。为此,高校管理者必须重视和青年教师的交流、沟通,依据青年教师个体的需要,引导他们把个体目标和组织目标相结合,遵循共同的价值观,实现个人和学校的共同发展。

二、机制层面

管理机制是指管理系统的结构及其运行机理,是决定管理功效的核心问题。机制层面的建设是高校办学理念的反映,是理念的具象化。高校根据机制建设的需要,建立符合学校发展的多元机制,保障学校的发展。同时管理机制也体现了组织文化中的制度文化及其运作,高校通过制度变革,促进高校青年教师的发展。

(一)完善青年教师评价机制

在教师评价方面,高校大多采取量化考核的方式来衡量青年教师的工作,功利主义倾向严重,如以基本教学工作量、科研任务量以及学生评分等方式,较少考虑青年教师和学生的实际感受,教师评价方式单一,导致学校的科研指标要求很高,教学评价流于形式,青年教师容易产生职业倦怠感。为了改善这一现象,建立、健全发展性教师评价机制很有必要。发展性教师评价机制,又叫"专业发展模式",是一种注重过程性的、面向未来的模式,强调青年教师评价要在民主的氛围中,帮助青年教师发现自身的优缺点,并根据评价结果,指导青年教师制定个性化的发展规划。这种评价制度一方面强调尊重教师在评价中的主体地位,另一方面强调尊重教师个性差异。在评价方面,要做到评价内容和评价主体的多元化。

(二)建立健全青年教师激励机制

当前许多高校过于强调对青年教师的规范化管理,忽视了对青年教师内在动机的鼓励和激发。在激励机制上,过于注重外在激励、短期激励,使得个人与组织的目标不太一致。

同时,外在激励也无法满足青年教师全面发展的需要。满足人的发展需要是激励机制的核心,在高校工作实践中,激励的方式应该是多元的,不同的组织有不同的激励方式。但无论何种方式,都必须兼顾外在激励与内在激励,考虑到青年教师的实际。

(三)建立合理的人才培养机制

高校重人才引进而轻培养的现象具有一定的普遍性。为提高学校学术水平和社会影响力、调动教师工作积极性,高校往往建立人才竞争机制,特别是强调引进高职称、高学历的人才。但同时可能忽视对原有的青年教师进行培养,没有充分挖掘现有人才的发展潜力,容易导致原有教师心理失衡,引发一部分优秀人才流失。所以,为了青年教师的成长和发展,必须制订培养计划,加强学术团队建设。高校要不断完善青年教师引进、培养机制,做好管理和服务,通过形成有效的人才培养机制,促进青年教师在专业、教学、组织和个人方面的发展。

(四)创设青年教师文化管理机制

高校对青年教师的管理大多采用行政管理的单一模式,行政人员成为学校的核心,行政权力处于学校管理的主导地位,教授兼职行政岗位的现象十分明显。对青年教师的管理过于规范化、强制化,可能会限制青年教师个性和身心的自由发展,影响了青年教师教学科研工作的积极性、主动性和创造性。文化管理是管理理论和实践发展的新阶段,就是把管理中的文化要素作为管理的中心环节,是组织文化中现代管理方式的体现,突出人的主体地位。为此,要转变管理理念,重视培养大学精神,完善民主决策,建立青年教师心理契约。通过管理机制的创新,来规范和引领青年教师发展。

(五)完善青年教师教学保障机制

高校青年教师学历普遍较高,科研能力强,但在教育教学方面没有经过系统的知识学习和技能培训,导致了青年教师在一开始不能很好地胜任教学工作。同时,在一部分承担基础教学任务的学院,青年教师一上岗就要承担几门课程的教学工作,导致教学质量无法得到保证。再加上存在着"重科研、轻教学"的导向,教师教学在专业技术职务晋升和聘任中的体现度不高,与教师长期的努力和付出不相称,不能很好地调动教师的教学积极性,这就导致了教师对教学成果、教学研究的关注度不高。因此,要进一步调整职称政策,健全教学奖励机制,激励教学创新团队形成,建立完善青年教师教学保障机制。

三、路径层面

路径是机制的具体化,机制是路径得以实施的保障。高校青年教师规划路径是把相关机制落实的具体途径。高校现有的机制必须通过制定具体的实施细则和措施,把青年教师发展工作落到实处。

（一）青年教师评价方面

1. 评价内容的全面化

教师评价要重视对青年教师的综合评价，而不是把教学工作量和科研成果作为唯一的考核内容。有的学校对青年教师职称评审中，采用"绿色通道"时只注重科研成果水平，比较片面。有些青年教师非常关心学生，教学方法很独特，并能很好地运用到教学中去；有些青年教师对学术前沿知识介绍得比较好，使学生非常受益。因此必须把教师评价内容由单一评价转变为全面评价，尤其要注重对青年教师的教学效果和教学投入的评价。

2. 评价主体的多元化

教师评价应该综合评价高校青年教师在教学、科研、思想品德等方面的表现。教学质量评价主体应该涉及院系同行、学生、教学督导等多个层面。同行是学科专家，应该综合衡量青年教师的专业知识水平、学术能力和工作表现等；在学生层面，主要考核青年教师与学生之间的课堂互动和课后交流，学生是教学活动的主体，因此学生评价最能反映青年教师的教学效果；教学督导是教学专家，可以发现问题，帮助青年教师更好地把关，青年教师的成长过程是一个经验积累的过程，也是解决问题和反思的过程。

（二）青年教师激励方面

1. 物质激励

物质文化是高校组织文化的基础和外化，良好的物质文化为高校青年教师的发展提供保障。物质激励关系着青年教师成长的基本需要能否得到满足。在物质条件方面，首先，高校应尽量为青年教师提供良好的教学、科研条件，改善工作设施，配备先进的办公设备。良好的工作环境能让青年教师感受到较好的工作氛围，激发青年教师群体内在的工作热情和潜能，让青年教师对大学校园产生心理认同，从而产生归属感。其次，要提高工作待遇和薪酬，设计基于业绩的校内津贴和福利体系，提高青年教师的生活水平，增强津贴对青年教师的吸引力。

2. 成长激励

首先，加强对青年教师的培训管理。高校通过培训来提高青年教师的能力，这既是青年教师自身发展的需要，也是提高学校师资水平和增强综合竞争力的需要。其次，加强对青年教师的职业生涯规划。职业生涯规划能够激励青年教师不断提高自身素质、努力实现自身价值、增强组织的凝聚力和向心力，帮助青年教师享受完满的人生。青年教师入校时间较短，发展方向具有不确定性和盲目性，高校应尽可能地帮助青年教师有针对性地设计职业生涯发展规划，促进青年教师发展。

3. 晋升激励

首先，要为青年教师学术地位的晋升创造条件。为青年教师提供参加学术会议的机会，让他们经常能与同行专家交流，以使他们增长专业技术知识，提高对学术领域前沿的了解，与同行专家建立良好的合作交流关系,在学术组织内逐渐提升影响力,为在行业内的学术职位晋升打下良好的基础。其次,为青年教师提供一定管理岗位的晋升机会。高校要为每一个青年教师提供发展的机会,为有管理才能的青年教师创造条件,建立后备干部人才库,做好选拔工作。

4.目标激励

目标激励就是通过目标的设置来激发人的动机、引导人的行为。目标是行动所要得到的预期结果,也是一种刺激。目标作为诱因对人们的积极性起着强烈的激励和导向作用。因此,设置适当的目标能够激发人的动机,调动人的积极性。目标的高低取决于目标的抱负水平,青年教师要根据个人的成就动机、个人因素、社会因素,来设置自己的目标。在工作过程中,按照计划去实现目标。在这个过程中,青年教师就实现了对自我的激励和发展。

(三)青年教师培养方面

1.完善青年教师的岗前培训

第一,明确培训目标。要明确青年教师接受岗前培训的目的,提高青年教师的职业素养,坚定青年教师的教育信念,提升青年教师的教育实践能力和科研能力。第二,充实培训内容。按照培训目标的要求,制定完善的培训内容,包含基本理论课、教学实践技能培训课、学校组织文化课等。第三,建立多样化的培训方式。不同的培训内容要有选择地实施不同的培训方式。第四,改变考核机制。要将理论知识考核和实践能力考核紧密结合,系统地考查青年教师经过岗前培训后的理论水平和实践能力。

2.加大对青年教师的继续教育

高校管理者必须深化青年教师的继续教育工作,充分发挥继续教育对青年教师教学科研能力全面提升的作用。首先,要制定继续教育激励政策,对于继续教育中表现优秀的青年教师加以奖励或晋升;其次,要提供多种学习机会,增加青年教师外出访问、参加研讨班和国内外学术会议的机会,以此提高其学术水平。

3.重视学术团队的建设与合作

重视对学术团队的建设,强化青年教师团结合作的意识,鼓励他们积极地加入学术团队;组织学术沙龙,引导青年教师主动参加,互相交流探讨学术问题;组织讲座,邀请资深教授传授经验,提高青年教师的学术能力和科研能力。

(四)青年教师文化管理方面

1.转变管理理念

传统的高校教师管理大多采取的是刚性管理模式,这种模式习惯于用行政手段推动工作,过多强调学校组织的权威性,忽视情感、价值目标等非刚性因素。文化管理理念则追求的是个人和组织的和谐发展。因此,高校需要转变管理理念,积极将文化管理理念引入对青年教师的管理中。在文化管理理念的指导下,坚持以人为本,尊重教师的主体地位,把教师的发展看作学校管理的中心,这也是组织文化理论中现代管理方式的体现。

2.重视大学精神培育

大学精神需要培育。不断加强文化建设,营造良好的文化氛围,是实现文化管理的前提。实行文化管理,必须重构大学精神,发挥大学文化、理念的作用,把学校的核心价值观、办学理念、发展定位作为高校建设的重点。要坚持以大学精神引导青年教师个人价值观,在价值观整合过程中引导和激发青年教师的积极性,从而为高校和谐发展做出贡献。

3.完善民主决策

文化管理的目标是实现人的发展,因此,在高校文化管理体制下,必须改变传统的组织模式,将组织中心下移,形成对话式的组织模式,尤其要尊重和关注青年教师的成长。要充分发扬民主,尊重教师在学校管理中的主体地位,完善民主化管理,鼓励支持教师参与学校决策和管理过程,教师通过参与学校管理决策,广泛行使民主监督权利,形成对学校管理者权力的制约。

4.建立青年教师心理契约

心理契约是指在一定的组织关系中,组织双方之间的一种主观的、内隐的心理约定。心理契约是联系青年教师和高校之间的心理纽带。心理契约既有利于增强组织凝聚力,丰富教师的情感体验,提升青年教师归属感,还可以促进教师专业发展,实现教师的职业理想。在高校与教师之间建立良好的心理契约可以避免青年教师的流失,在管理中,建立起良性、互动的心理契约,可使青年教师发挥积极作用,进而促进青年教师队伍良性发展。

(五)青年教师教学保障方面

1.进一步调整教师评价政策

在完善教学质量评价方法的基础上,将教学工作量、教学质量作为专业技术职务聘任的先决条件;相同条件下对于教学效果优秀的青年教师,优先聘任高一级专业技术职务。对不适合从事教学工作的青年教师调离工作岗位。

2.健全教学奖励政策

设立青年教师教学奖励专项资金,搭建更宽广的青年教师教学展示和交流平台,设立教学创新奖、教学质量奖、教学名师奖、教学成就奖等,加大奖励力度,有效激发和调动青年教师的教学积极性与创造性。

3.激励教学创新团队形成

进一步建立健全创新团队建设的管理机制和激励措施,调动广大青年教师参与教学团队建设的热情,增强团队意识,提高团队质量,凝练团队特色,形成围绕教学实际问题深入开展研讨的教学创新团队,改变青年教师凭个人兴趣进行教学研究的方式,形成从培养方案制定到专业、课程、教材建设的一体化团队发展规划,促使青年教师积极主动地将学科和科研优势转化为教学优势,提高青年教师教学能力,促进青年教师全方位发展。

第七章 高校教育师资管理体系及方法

第一节 高校现代师资管理的新模式

随着知识经济的发展,高校的功能发生了显著变化,从人才培养作为主要功能向人才培养、科学研究和社会服务三大基本功能转化,这就给师资管理提出了新的要求,教师面临的职业冲突促使师资管理必须进行改革。高校建立适应知识经济的现代师资管理新模式,是指在对教师资源的取得、开发、利用和保持等方面,进行计划、组织、指挥和控制,使人力、物力保持最佳比例,以充分发挥教师的潜力,提高工作效率,实现高校目标的管理活动。其基本任务是根据高校发展战略的要求,通过有计划地引进人才、选留人才、培养人才、挖掘人才,并对人才资源进行合理配置,搞好现有师资的培训和智力资源开发,采取各种措施,激发广大教师的积极性,促进高校办学效益的提高。高等教育大众化的快速到来对我国的高校来说既是一次大发展的机遇,同时也是一次非常严峻的挑战。

高校作为培养高层次人才的摇篮,在当今的教育创新体系中处于时代的前沿,发挥着极其重要的作用。办好高等教育,教师是主体,师资管理是关键。高校教师资源是高校教育资源中的第一资源,它是活的资源,能动的资源。

一、现代师资管理模式的构建原则

建立现代师资管理模式,除了必须从高校教师活动的一般特性出发外,还必须结合我国高等教育的特点。我国高校包含各种不同类型,有重点大学、普通大学、有综合性大学、理工类院校、专科类高校。选择高校师资管理模式既要考虑到高校自身因素,又要考虑到外部环境,包括经济体制、劳动人事制度和区域文化环境因素等。

(一)师资管理模式的构建应遵循系统论的原则

1.整合分性原则

整合分性原则是目标的分解和建立目标管理体系的基础,在进行管理模式构建时,首先应根据本单位实际情况和发展需要及各种内外条件确定管理系统总体目标,然后按照分合原则将总体目标分解成不同层次、不同部分的分目标,对应地将管理层次逐步分解,使得分目标与管理层次一一对应,形成前后衔接、上下连通的管理网络;同时在目标分解的基础上,明确每一个部门、每一个管理层次甚至每一个人员的目标责任,并赋予相应的权力,建立起目标责任体系。

2.相关性原则

相关性原则强调模式各要素和目标与条件之间的关系,强调模式结构合理与否,直接关系到整个系统能否正常运行。

3.有序性原则

有序性原则的实现使管理模式从两个方向即时间和空间上实现有序化。

4.动态性原则

动态性原则提示我们,由于目标管理模式的工作状态随着环境的改变而改变,因而必须加强科学预测,使对策措施与目标相适应。这样当环境条件变化时,既有适应变化的方案,又有临时应急的手段,从而提高模式的应变能力。

(二)师资管理模式的构建还应遵循市场规律的原则

1.合理性原则

成功的市场经济模式经验已经证明,市场能够适应不断变化的社会经济条件而发挥优化资源配置的基础性作用。其中的人才市场就是运用市场机制来调节人才的供需关系,实现人才的合理配置。在人才资源是第一资源的思想指导下,人才资源的开发和利用,合理配置、任用教师,实现教师与生产力等其他要素的最佳结合,乃是高校师资管理工作必须坚持的首要原则。

2.开放性原则

发达国家高校师资配置均把国内人才市场与国外人才市场联结起来,以达到更合理地配置国内师资资源和利用国外资源的目的。因此,只有学习、借鉴、合作和利用发达国家师资管理创造的文明成果,结合实践进行新的创造,才能赢得时间,加快建构具有中国特色的高校师资管理模式。

3.竞争性原则

成功的市场经济模式下的高校师资管理活动由于宏观上提供了良好的环境条件,竞争机制已经融入其中。通过自主公开招聘,应聘竞争考试、建立师资流动层定期考核聘用与晋升、"非升即走"、英才超常使用等管理行为,组织开展公平竞争,促进师资资源的优化配置,通过制定有关的师资管理法规,来规范教师的竞争行为,开展有效竞争,增强活力,组建高质量的师资队伍。

4.渐进性原则

我国高校师资管理模式是在宏观条件逐步成熟的情况下构建的,特别是在我国刚刚进入高等教育大众化的背景下,高校师资管理工作是一个不断实践、不断完善的长期建设过程,试图很快解决管理模式问题是不现实的。

5.效益性原则

成功市场经济模式下师资管理活动十分注重提高师资的利用效益。选聘一流师资,构建结构合理具有竞争力的师资队伍,以合理的生师比例、灵活的专兼职教师制度和高效精干的管理人员等管理组织形式和管理行为,培养高质量的适应社会需要的各种专门人才,创造高新科学技术成果,这样的高校才能具有良好的经济效益和社会效益。

(二)建立现代师资管理模式的基本内容

1.编制教师资源规划

教师资源规划的内容包括对教师资源现状做出评估,依据高校的发展战略、目标和任务并应用现代规划方法对未来教师资源供给和需求的各种指标做出预测,再把高校教师资源需求的预测数与在同期内高校本身仍可供给的教师资源数进行对比分析,测算出对各类人员的所需数量,从而制定平衡人力资源供给和需求的方针政策和具体措施,如补充、调整人员和减员等各种方案。

2.实施岗位职务分析

职务分析是收集所有与工作有关的重要信息,并对某一特定职位、任务、职责以及完成此项工作所必须具备的知识、技能加以详细说明,即制定职务说明书与职务规范的系统方法。高校人事部门要采用观察、问卷调查、谈话、讨论等方法,对从调查职务信息、分析书面材料和各部门负责人及实际担任工作者讨论中获得的信息进行分析、归类,写出综合性的职务说明和职务规范,并召集整个调查中所涉及的部门负责人及任职人员,讨论制定的职务说明及职务规范是否完整、准确,最后根据讨论结果确定出一份详细的、准确的职务说明和职务规范。

3.有效配置各种人员

高校的人力资源主要由三支队伍或四支队伍组成,教学科研人员(包括实验辅助人员)党政管理人员,后勤服务人员,20 世纪 90 年代以来又衍生出一批校办产业人员。高校承担的教学、科研、社会服务三大职能决定了高校以教学科研人员和中高层次管理人员为办学主体。高校人力资源管理就是要根据高校办学目标对高校的三支(四支)队伍进行合理布局,大力充实教学科研人员,精简党政管理人员,大幅度压缩高校非教学性经费支出,对后勤服务人员和校办产业人员实行企业化管理,切实改变一方面人才紧缺,另一方面人浮于事,人员结构严重失衡,人力资源利用效率低下的现状。高校人力资源管理要围绕高校的办学目标,合理规划、配备各方面的人力、人才,正确处理好部分与整体的关系,针对各类人员的特点予以管理,通过多种手段的有效配合,实现系统内部各要素之间的整合,真正做到人尽其才、才尽其用,事得其人、人适其事,把人力资源的潜能转化为高校的整体财富。

4.实行人本管理

所谓人本管理即在管理过程中以人为本。人力资源有别于物力资源,具有生产者和消费者双重属性,其作为消费者如不能得到充分重视和关心,势必影响其作为生产者的一面。这就涉及一个劳动报酬问题。

另外,高校人力资源不仅具有经济人的一面,还具有社会人的一面。尤其是就高校教师的个人需求整体而言,重精神超过重物质。人本管理与单纯的文件管理、制度管理不同。它充分尊重教师的个人尊严、自我价值和个人需要,充分关心教师的教学工作、科研工作以及个人的生活需求,对人才的任用不拘一格,扬长避短,宽容多样。多了解和听取教师的意见,公开和教师分享高校重要的信息。高校教师在时间和意志上都享有相对企业和机关人员更大的自由,对这一教学科研群体的管理更不能千篇一律、简单划一,应注意对人力资源的开发和利用与投入和培育相结合,报酬福利的投入与精神情感的投入相结合,只有这样,才能有效地调动教师的积极性,充分利用高校的人力资源。

5. 建立有效激励机制

工作动机是行为和积极性产生的内在驱动力和直接原因,只有千方百计地激发起教师的工作动机,才能使他们在自我激励、自我评价和充满自信的环境中,把极大的劳动热情投入工作之中,并将自己的行为最大限度地纳入高校所期望的轨道,充分调动和维持他们工作的积极性和创造性,发挥潜在能力。激发工作动机是现代人力资源管理的基本职能之一,所以,高校人力资源部门必须想方设法对能够调动工作动机的心理过程加以考虑、设计和实施,广泛采用经济、信任、职务、知识、情感、目标、荣誉和行为等激励方法,以激发教师的工作动机,提高工作绩效。

人力资源管理的核心是保持和激励员工的积极性与创造性,有效地实现组织目标和员工工作的满足感。拥有人才是前提,但要使人才最大限度地发挥作用,最大限度地调动他们的工作积极性,更是高校师资管理工作中最应关注的问题之一。这既是提高教学、科研质量的迫切需要,也是教师本身发展的需要。实践告诉我们,如果不从理论上探讨调动教师工作积极性的规律,不从宏观与微观的结合上促进激励机制的健全与完善,教师的工作积极性就不可能得到很好的发挥,高校的教育管理和科研水平就不能提高。

6. 构建终身教育体系

人力资源的质量,对于高校人力资源而言,一般体现在其主要组成部分——学术劳动力的文化水平(学历)和专业技术水平(职称等级或技术等级)上。高校人力资源质量的提高,在一定程度上决定着高校的教学科研产出水平、办学效益和教学质量的提高。许多高校在优化教师队伍方面采取多渠道大力引进"双高"人才的手段,以改善师资的学历结构和职称结构。引进高素质的人才是必要的,但同时应充分认识到立足本校人才资源加大师资培训力度的重要性。

我们在实践中普遍认识到,各类人员职前学到的知识和技能固然很重要,但又是十分有限的。只有在走上工作岗位之后不断坚持接受在职培训,才有可能根据社会发展和科技进步的要求不断更新和补充知识,增强对未来工作的适应性。面向 21 世纪的高校师资培训工作,应从基础性培训和学历补偿教育逐渐转变为着眼于更新知识,全面提高教师素质的适时,适职,适业的提高性培训与教育上来,充分发挥教师个人的主动性和积极性。同时,要不断探索适合成人学习的培训方式以及现代化的培训手段,采用互动式教学方法,集理论讲授、小组讨论、电化教学于一体,使授课者有更多的参与机会,真正做到教员与学员之间的知识分享,实现真正意义上的理论联系实际。

7.营造和谐工作环境

协调人际关系是现代人力资源管理的又一个核心问题。在高校中,则是各学科、专业人员之间的协调,为谋求各学科、专业人员之间的密切合作,就必须建立合理的学科梯队和科研团队,做到分工恰当、职责明确,使人才既各尽所能又密切合作,形成各学科、专业联合攻关的团队精神。另外,现代社会是一个高速度、讲效益、求效率的社会,随着社会文明的发展,社会节奏加快,高校内部的竞争必然加剧。教师在高校以及在社会上产生的各种压力也会逐步增强,如果压力过大,长时间得不到缓解,就有可能对教师的身心健康造成障碍。因此,高校师资部门必须引导教师正确地对待压力,掌握控制压力的各种方法,使教师通过宣泄、各种心理咨询、树立适当的目标、培养业余爱好、提高自身的心理素质、减轻压力源等方式,提高抗压能力,正确对待事业的成败、荣誉、功过、挫折,使教师工心情舒畅地投入教学、科研工作中。

第二节　高校师资管理的目标、途径及方法

管理方法是管理的重要手段,管理方法的科学与否直接影响着管理的成效。高校师资队伍主要是进行"知识"相关工作,要对高校师资队伍进行管理,必须抓住"知识"本质。

一、高校师资队伍管理的目标

(一)以建设一流师资队伍为关键目标

高校是培养高级专门人才的学府,教师队伍是高校教学、科研活动的主体,要办好高校就必须依靠广大教师开展教学、科研工作来实现。因此,在高等教育中,首要的条件是必须建立一支高水平、高质量的教师队伍。因为教师的工作直接关系到教育目标的实现,也直接关系到教育任务的落实,教师的知识传播是学生智育能力形成的主要渠道,它的作用超过了其他任何形式的教育,教师在思想品德、工作作风、认识问题、分析问题能力等方面直接感染着学生,塑造着学生,对学生人生价值观和世界观的形成有着特殊的影响。教师的知识创新能力关系到创新人才培养的质量和国家的科技竞争力。

一流师资队伍是培养一流人才的根本保证,在高校的建设与管理工作中,必须以建设一流师资队伍为关键目标。尤其是重点大学,应形成一流的学术梯队、集聚一流的科研力量。国内外一流大学的形成和发展史表明,师资是高校最重要的办学资源,是其一流地位赖以建

立、维持、巩固的基础和关键。师资水平在很大程度上反映出高校的水平,只有建设一流水平的师资队伍才能建设高水平的大学。因此,国内外有远见的教育家和世界一流大学都把建设一流的师资队伍作为办学的第一要务。

（二）以造就一流大师作为师资队伍建设的必要目标

没有一流的大师级的优秀教师,就称不上一支一流的教师队伍。因此,高校在师资队伍建设上,必须以培养、造就或聘请一流的大师级优秀人才充当带头人作为师资队伍建设的必要目标。

（三）以形成合理的师资结构为重要目标

师资结构合理与否影响着高校师资队伍建设的水平。因此,高校应认真制定师资结构目标,建立与保持一支最佳结构状态和充满内在活力的高水平专兼职教师队伍,对教师队伍的学历、职称、学缘、年龄,知识与能级等结构进行适时的、必要的调整,不断加强和改善对大学人力资源的科学化管理,建设一支数量适当、结构合理、业务精良、高效精干的教师队伍。

二、高校师资队伍管理的途径

（一）建立培养、造就、吸引优秀教师的正确途径

优秀教师是高校的"根"和"本",高校必须高度重视教师队伍建设,建立一条或多条培养、造就和吸引优秀教师的正确途径。而要靠制度、靠机制,伯乐相马总不如草原赛马,因此,要有一系列集体培养人才,公平竞争淘汰,择优选优用优的制度。高校应采取超常规办法,制定吸引优秀人才的政策,建立一条或多条吸引优秀人才的绿色通道,面向国内外多方吸纳优秀教师。同时必须与考核评价相结合,必须与本校的学科建设和专业建设相结合,避免人才闲置和人才资源浪费。各高校尽可能从其他高校,尤其是其他重点高校选拔优秀研究生充实教师队伍。青年教师上岗前要进行真正意义上的严格的岗前培训,上岗后要进行岗位练兵、在岗进修、轮岗全职学习等继续培养工作,要通过严格的考核、选拔,从中发现和培养、造就一批优秀教师。同时也要对教师规定职务岗位年限,在相应的职务岗位上超过一定的工作年限非升即走,以此来规避平庸。

（二）建立人才合理流动和教育资源重组的新渠道

各高校在对骨干教师采取稳定措施的同时,应建立一条或多条有利于人才合理流动和教育资源重组的新渠道,使高校教师能进能出,有进有出,合理流动。

实行聘任制是任用教师、管理教师的一种有效手段和形式,是高校人才流动的基础和前提。高校应从实际出发,根据学科建设以及教学、科研任务的需要,科学合理地设置教学,科研、管理等各级各类岗位,明确岗位职责、任职条件、权利义务和聘任期限,按照规定程序对各级各类岗位实行公开招聘、平等竞争和择优聘用。通过签订聘用（聘任）合同,确立受法律保护的人事关系。招聘范围要有国际视野,除聘用本校教师外,还可以通过研究生兼任助

教,返聘高级专家学者以及面向国内外高校、企业和科研机构等社会部门招聘优秀人才担任专职或兼职教师等途径,拓宽教师来源渠道,实行开放式的教师管理办法。全面真正地实行聘任制,还有赖于对教师职务晋升办法的彻底改革。

三、高校师资队伍管理的方法

(一)优化师资队伍结构、提高队伍整体素质的系统方法

在知识经济时代,知识更新速度显著加快,每位教师都面临着知识更新和不断提高知识水平的问题。教师素质和水平提高的问题需要有好的途径,更需要有好的方法。

师资水平提高的主要方法有脱产进修提高法,进站(博士后流动站)工作提高法,在职自修提高法,国外留学访问提高法,社会实践提高法,实验室工作提高法,科研工作提高法和学术会议、学术交流提高法等。教师整体素质的提高应该是系统方法的综合运用,而不能仅仅依赖一两种方法。

以信息技术为背景的现代教育技术改变了教育的组织形式和方法,也改变了学生的学习方式与方法,使获取信息的渠道多元化。在这样的条件下,高校教师必须实现工作角色的转变与素质的系统提高。首先,要由教学型教师向研究型教师转变。在现代教育技术条件下,教师必须不断学习,研究和应用现代技术。其次,要由信息资源的利用者向课程信息的设计者和开发者转变。教师不仅要传达普通教材上的知识信息,而且要学习和掌握多媒体技术和网络技术,为学生自主学习设计开发各种教学课件。最后,要由教学者向学者和学习者转变。教师只有先做学习者,不断地更新知识、观念和提高职业道德修养,以学习者的态度不断丰富自己,才能使自己具有知识渊博的学者风范,也才可能成为具有创造性、开拓性和较高研究能力的教学者。

(二)引进师资队伍管理的先进理念与现代方法

我国高校目前应更新观念,树立"以教师为本,以专家教授为本中之本"的新理念,引进现代师资管理的科学理念与现代方法。变教师管理为知识管理,变人事管理为岗位管理,变档案管理为信息管理,变管理为建设,变控制为服务。同时,还要把国外现代企业制度中先进的人力资源管理的方法引进来,从考核、评聘到学术梯队建设与管理全部实行动态的信息化的科学的管理方法。改革和完善各种管理制度,使师资管理随意性减少。通过管理和服务,激励青年教师岗位成才,通过管理和服务提高师资的整体素质与水平。

高校办学的根本目的是培养高素质创造型人才,而培养高素质创造型人才又要依靠学术精湛、治学严谨的优秀教师。在所有的教育资源中,优秀教师是最重要的资源。高校教育,科研体制的改革,人事管理制度的改革,必须有利于高素质创造型优秀人才的培养,有利于学科建设,有利于学科的交叉、融合、渗透和新兴学科的生长与发展,有利于科学技术的发展和学术水平,创造能力的不断提高,有利于高校资源的优化配置。总之,以教师为本,就是

要充分调动和发挥全体教师的积极性,激发他们的创造性,为高校的改革、发展和提高做出贡献。

四、高校师资队伍知识管理的任务

以往对教师知识的管理所关注的是易于被转变为话语、被记录下来的和以手册和教科书的方式等可以清晰表述的知识,将教师的知识管理仅仅理解为是对高校的图书资料的整理归类,这不符合现代知识管理观的要求,也不符合教师知识的个体性特征对知识管理的要求。当今社会进入知识社会,知识日益成为一个组织取得成功的核心推动力,在这样的背景下,组织所要面对的难题不再是怎样发现信息,而是如何管理信息,如何从众多的知识信息中清理出重要的知识,并创造性地加以利用。对高校师资队伍的管理,相当于对知识型组织的管理,所面对的知识管理问题既特殊又复杂。

(一)重视对教师的理论性显性知识进行整理、分类和条理化

教师的理论性显性知识包括高校和教师个人的藏书、著述、资料、文件等"硬件"。这是教师知识管理的基本任务,也是教师知识管理其他任务的基础。

(二)实现对教师知识的有效获取和积累

教师知识的动态性要求教师必须不断地去更新充实自己的知识,这就使得高校必须帮助和支持教师更新和充实自身的知识,以实现教师对知识的有效获取和积累。教师既要重视对既存的理论性显性知识的接受性学习,又要从外界环境中摄取准确,及时、有效的信息,包括查阅最新出版的相关书刊资料和互联网上发布的最新消息等,然后把所得到的初级信息加以筛选、梳理使之系统化、有序化,再结合自己在这方面已拥有的知识和经验做进一步的分析,使新旧知识自然地结合在一起,同时更要注意在高校文化环境下,在教学、科研实践中,在与学生及其他教师的交流中,建构自己的信息知识体系。

(三)实现教师显性知识和隐性知识的转化,借以创造知识和实现知识的有效增值

教师知识管理的核心任务是促进教师的知识创新,通过知识创新扩充高校的知识积累,促进教师的专业发展和高校的发展。而高校知识创新的实质就是显性知识和隐性知识之间相互作用而形成的知识的转化及其增值过程。显性知识和隐性知识可以通过四种方式转化:一是社会化,通过经验共享使个人的隐性知识转化为组织的隐性知识,得以使个体的隐性知识在组织内交流和分享;二是外在化,通过对话和反思,将隐性知识转化为显性知识,将意念转化为实在;三是联合化,通过沟通、扩散以及系统化将分离的显性知识聚合为系统和更为复杂的显性知识;四是内化,个体通过学习和体悟使公共显性知识转化为个体隐性知识。教师知识管理中知识的创造和增值正是通过这样一些方式实现的,积极促进这些转化的进行,有效地实现高校知识的创造和增值,正是教师知识管理的核心任务。

(四)促进教师知识的有效交流和分享,知识是通过交流、结合而发展的

科学总是在人类已经积累的知识基础上进一步发展的,这表明知识的生产需要跨时空

的知识交流与结合；学生在学习显性知识的过程中发展了隐性知识，这表明显性知识与隐性知识的结合与交流产生了新的知识；在解决问题的过程中，科学技术知识与社会生产、生活知识的交流与结合导致了大量的产品与生产技术的发明，这表明显性知识与显性知识的交流与结合也促进了知识生产。总之，知识只有被人掌握，并且被人利用，才能产生新的知识。各种显性知识、隐性知识的交流与共享对知识生产十分重要。教师之间的共同协作是实现高校整体工作有效性的前提，而教师之间的知识交流与共享既是高校发展的前提，又是教师成长和学生成长的前提。

第三节　基于知识的高校师资管理新方法

一、知识输入管理

高校师资队伍要进行持续的知识更新，就需要进行知识输入管理。知识输入管理涉及如下方面。

（一）知识输入的目的

知识输入的目的是提高教师群体素质，促进师资队伍的知识更新。在大众化教育背景下，高校师资队伍本身是施教者的主体，在当今知识社会中应该具有足够的知识，而且能够及时更新知识，否则将丧失施教者的作用，被淘汰出局。

知识输入管理的途径包括：第一，图书馆是收藏人类知识遗产的场所，是展示最新知识成果的场所，也是进行教师知识管理的重要场所；第二，信息技术的飞速发展，信息高速公路的建立，使教师的知识储备和学习变得更为便捷、迅速；第三，各种形式的培训、学习和教师对自身教学实践的反思；第四，同事间的交流学习。

（二）知识输入的内容与方法

输入高校师资队伍中的知识既包括隐性知识，又包括显性知识。

隐性知识输入的第一种形式是引进人才。按照本单位学科布局和用人计划引进各层次人才，这些人才本身所具有的隐性知识自然就输入了高校师资队伍。隐性知识的引入，一方面要考虑各个学科的发展布局，另一方面必须考虑隐性知识本身的特点。隐性知识主要体现为无法明示化的个人所拥有的知识，具有不同隐性知识的人具有不同的能力，如科研能力、创新能力、分析能力、组织能力，解决问题能力、发现问题能力、实际动手能力等。因此，在引进人才时也需要把这些内容考虑进去，并且要尽量引进具有不同能力的人才，各种能力人才合理布局，不能只引进一种或少量几种能力的人才。

隐性知识输入的第二种形式就是开拓外部知识库，高校可以通过各种合作形式访问外部知识库，如将现有教师派到其他教学、科研单位进行交流访问或进修培训，或者邀请一些专家学者来本校交流访问,讲学或合作研究,增加教师的知识积累,提高教师的知识学习和更新能力。其中反思性学习是提高教师实践知识的重要方法,教师可以通过记反思笔记的形式,记录自己的教学心得和感悟,将教学实践与教学理论相互印证。反省实践与理论的差距或不一致的地方,或者对特定教育事件的处理做事后分析,不断提高自己的理论水平,借以发展更高层次的个人实践知识。

隐性知识输入的第三种形式是建立教师之间的协作学习机制,通过小组或团队的形式组织教师学习,在讨论、交流与协作的基础上,就某些教学事件进行共同探讨,以交流和共享彼此的观点和知识的共同性学习。这一方法对于扩大教师的知识面,提供教师对教育事件的相互交流和启发,以提高和分享对实践性知识的认识和理解都具有重要的意义。教师知识管理应注重建立协作学习的机制,以促使教师间的互相学习,不断提高教师的实践知识水平,以达到促进教师专业发展和不断提高高校教学质量的目的。

显性知识的输入可以脱离人进行。一是高校图书馆应该订购一些新的期刊、报纸和图书等。二是对高校现有的图书资料进行分类整理,教师个人也可以建立个人图书档案。利用自己喜欢的信息分类方法对自己的图书资料进行分类整理,以提高使用效率。三是建立教师个人的电子储存文件系统。教师个人可以利用计算机对自己搜集到的零散的资料信息进行整理归类,分期分批地存放,建立自己的个人知识管理系统,便于及时查找使用。

二、知识传播管理

高校师资队伍的一大任务或者说一大社会功能是知识传播,可以说知识传播是高校师资队伍的首要任务。我们有必要对高校师资队伍的知识传播进行系统管理,推进知识传播的顺利进行,形成有序、稳定、及时和新颖的知识流,促进知识传播的有效利用,获得知识传播的最佳效果。在大众化教育环境下,这种知识传播的范围更广,传播的知识更多样。对高校师资队伍知识传播进行管理,涉及如下几个方面。

（一）知识传播的主体

高校师资队伍是知识传播的主体,这个主体应该满足如下条件才能够更好地进行知识传播。

1. 数量上应该达到一定要求

主要考虑"生师比"指标,大众化教育下的生师比应该比精英教育下的大很多。我国的现状是生师比过大,已经大于其他实现大众化教育国家的生师比。这样很难保证教学质量,很多学生得不到很好的指导,无法获得应该得到的隐性知识和显性知识。

2. 质量上应该达到要求

高校教师应该具备基本的教师素质,才能教书育人。教师素质的提高主要包括两大方面:一是招聘教师时尽量选择素质高的人员;二是对在编教师进行在职培训。教师素质的高低决定着学生水平的高低,俗语讲"名师出高徒",要想培养出高水平的人才,首先要提高教师的素质。

3.教师结构布局应该合理

高校教师的结构布局非常重要,应该合理布局。主要包括如下几个方面。

①学科分布合理。高校所有的专业都有适量的教师,不存在有专业无教师的情况。

②职称结构合理。每个教研室都有比例适当的高级、中级、初级教师,分别承担不同的教学科研任务。

③年龄分布合理。不同年龄阶段的教师具有不同的特点,合理的团队建设应该每个年龄段都有一定数量的教师。

④能力结构合理。教师个人的特长与特点不同,有的善于教学,有的善于科研,不同能力的教师都应该具备,然后按照"用其长、避其短"的原则合理分工。

4.专职和兼职相结合

高校师资队伍一方面要保持一定的专职教师,这部分人员终身属于本单位,本单位其进行培养因此,他们是本校的中坚力量。另一方面,高校师资队伍中还应该有一定数量的兼职教师,这是大众化教育下满足教师数量要求的通常做法。招聘部分兼职教师可以增加本校教师的数量,但不会过大增加高校的运营成本。另外,兼职教师往往带来一些新的本校教师没有的知识或特征,便于提高专职教师的素质。兼职制度的存在也会促使专职教师更努力地工作,努力提高自身素质。

(二)知识传播的内容

高校中传播的知识主要是本高校所设置的各项课程,不同专业的具体课程内容不同。这些知识主要属于显性知识。另外导师传播给研究生的知识还有隐性知识。要对知识传播的内容进行管理,主要应该考虑每个专业课程设置得是否合理,是否覆盖了这个专业所需要的基本的教学目标,所使用的教材是否最新,是否包括了最新的知识,各类知识间是否具备一定的联系,是否成体系。

在管理隐性知识的传播时,应该考虑学生与导师间的研讨时间、共同做项目时间、论文写作指导时间等。只有通过实际接触,才能够进行最有效的隐性知识的传播。

(三)知识传播的对象

高校知识传播的对象主要是各类接受高等教育的学生,包括成人、专科生、本科生、硕士生和博士生。加强对各类学生的管理,就能够很好地完成知识传播的任务。应该根据不同类型学生的特点进行管理。主要应该考虑学生如何能够更好地学习知识。本科生、成人、专科生教育主要是使其掌握必要的专业知识,所以以显性知识教育为主,主要学习各类课程。针对这部分学生,应该主要从课程上进行管理,包括选学课程数量、考试成绩、上课次数等。硕士生和博士生教育主要是培养学生发现问题,分析问题和解决问题的能力,所以应该以隐

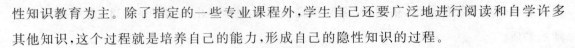

性知识教育为主。除了指定的一些专业课程外,学生自己还要广泛地进行阅读和自学许多其他知识,这个过程就是培养自己的能力,形成自己的隐性知识的过程。

（四）知识传播的途径

知识从高校师资队伍这个主体传播到各类学生这个对象需要经过一定的途径。要管理好知识的传播需要拓宽途径,并且要保证这些途径顺畅。主要的途径有两大类型:一是课堂教学;二是科学研究。保证这两大途径的顺畅,才能够更好地进行知识传播。保障课堂教学顺畅主要应该考虑教室安排、时间安排以及其他条件的提供。保障科学研究的顺畅主要应该考虑科研环境、条件的提供。

另外,要拓宽知识传播的途径,针对显性知识,可以考虑多安排一些学术讲座、学术活动。针对隐性知识,可以考虑安排一些研究生和导师共同参加的活动,增加彼此之间的交流机会。

在大众化教育环境下,可以充分利用现代信息网络技术,采取网络化教学。通过网络传播知识是一种新的知识传播途径,但是这种方式主要传播的是显性知识,并且师生的活动教学很难实现。但是网络教学极大地扩展了知识传播的范围,适合大众化教育。

三、知识创新管理

高校师资队伍的另一大任务是知识创新。高校师资队伍知识创新能力的高低直接影响高校本身的综合实力。重点名校师资队伍的知识创新能力都很强,能够产生很多科研成果。一个高校要想提高档次,在业内排名靠前,必须提高师资队伍的知识创新能力,特别是自主创新能力,开发和拥有自主知识产权技术,加强对知识创新的管理。对高校师资队伍知识创新进行管理,涉及如下几个方面。

（一）知识创新的主体

高校师资队伍是知识创新的主体,要实现知识创新,高校师资队伍应该满足如下要求。

1. 保持一个稳定的科研团队

稳定的科研团队持续地在一个研究方向上进行科学研究,往往能够产生一系列有价值的新知识。流动的科研团队缺少知识积累,很难产生新知识。

2. 保持一个开放的科研团队

开放的科研团队能够接受新思想、接受新事物接受新观念,这样才有可能产生新知识。封闭的科研团队无法接受新思想、新事物和新观念,所以也很难产生新知识。

3. 保持一个融洽的科研团队

融洽的科研团队中各个成员能够很好地配合工作,大家集思广益,相互促进,共同进行科学研究工作。这样才能增加知识创新的可能性。在一个关系融洽的环境中工作,能够使人的心情舒畅,容易产生灵感,不会增加过多的不必要的麻烦。

4.保持一个交流的科研团队

交流的科研团队中成员彼此之间有很好的学术沟通,大家经常一起讨论问题,共享自己的想法,给别人提出意见。实质性的交流增大了创新知识的可能。一个人的思想有时会局限在一定的范围内,往往在与别人进行谈论时受到启发,适当的交流能够促使新思想的产生,促使新知识的产生。

(二)知识创新的范围

高校师资队伍能够在很多方面进行知识创新。

①从学科领域来看,最容易有创新的领域是各个学科前沿的研究领域。传统的成熟的学科理论很难有新知识产生,但是也有可能在应用层取得创新。

②不同学科交叉领域容易有新知识产生。传统学科发展到一定程度,已经很成熟。不同学科的研究问题、解决问题的思路、方法不同,在学科交叉部分能够应用两个学科的思想和方法,往往能够产生新的思想、新的知识。

③知识创新的结果在显性知识方面体现在发表的各种学术观点、理论和方法等上,这些创新成果可以显性化;在隐性知识方面体现在优秀人才的培养上,新的专家、学者的出现表明一定的特殊的隐性知识的产生。

④知识创新包括各种层次的知识创新,理论、方法、技术和应用层都会产生新的知识。

(三)增强自主创新能力

加强高校师资队伍知识创新管理,必须增强自主创新能力。增强自主创新能力是一项系统工程,应把原始创新、系统集成和引进消化吸收再创新结合起来。

1.以人为本,创建特色鲜明的专业培养计划与课程体系

提高国家自主创新能力有赖于大批创新拔尖人才。高校是培养人才的摇篮,要努力提高学生的创新精神和实践能力,为此,要把校内培养与校外培养相结合,实施因材施教的原则,因人而异地制订教学计划、培养计划,让学生有学习的选择权。对尖子生要配备导师,进行个别指导并创造条件促进他们更快更好地成长。大学教育不能在育分上下功夫,而要在育能上下功夫,要着力培养学生的学习能力、思维能力、创新能力。高校不应把学生关在课堂上、校园里培养,而要积极探索和实施高校与企业与社会联合培养大学生的模式。如引导、组织学生走向社会,走向企业,到社会、企业中接触实践、接触课题。高年级学生、研究生应参加教师承担的课题或独立承担科研项目、攻关项目。我国每年有几百万大学生、几十万研究生要做毕业设计、毕业论文,因此应让他们到企业中、到实践中去选题,既能发挥集体智慧在科技攻关、自主创新中的作用,又能从中得到锻炼,增强创新意识。大学生"挑战杯"即全国大学生课外学术科技作品竞赛是培养创新人才的好途径,其特点是每个课题都来自实践,都是为了解决实际问题,应推广开来,在实践中提高他们的创新能力,又能为自主创新做出贡献。

2.改革高校教师考核评价制度

现行的高校考核评价制度不利于提高自主创新能力,上级机构评价高校主要看学术论文,高校评价教师也主要看学术论文,同样,许多高校也把教师的科研项目按国家级、省部级折算成分数,把教师发表的论文按不同刊物折算成分数,并规定出总分最低线,不达标则不能继续聘任。因此有些教师完成了一项科研成果后,最关心鉴定的结论,最关心论文发表,而不太关心成果的转化和开发。为此必须改变对高校对教师的考核评价制度。高校教师中有的擅长教学、有的擅长科研、有的擅长开发,三者兼有、二者兼有的教师也大有人在,但多数教师侧重面不同。因此,对教师的评价、职称评定的标准应多元化,任何一方面成绩突出的都可评高级职称。尤其要鼓励教师到企业、到市场去选择科研课题、技术改造项目,鼓励教师把科研成果延续下去,把专利实施下去,转化为产品和产业。不要把论文数作为唯一标准,而要把经济效益,创新能力作为重要的评价标准。有些重大课题、重大攻关项目,科技开发项目并非在短期内能够完成,因此不能要求这些教师每年拿项目,每年出成果、出论文,相反,应从物质上、精神上鼓励他们坚持下去,不要急功近利,急于求成,这就必须制定新的教师考核评价制度。

3.创新师资队伍培养机制

建立一支高水平的教师队伍和高水平的学术创新团队,是提高创新能力的关键。高水平的师资队伍能为创新能力的提高提供强有力的人才支撑。当今世界,科学技术是综合国力竞争的决定性因素,自主创新是支撑一个国家崛起的筋骨。科技的灵魂在创新,科技的活力在改革,科技的根本在人才。要大力培养和积极引进人才,做到人才辈出。引进优秀人才,特别重视从海外引进团队。重视高校现有人才的培养,特别重视培养中青年学术骨干。高校应建立长期稳定的人才培养机制,并努力为他们提供一个适宜的成长环境;强调尊重人才,人才自重,提倡竞争、和谐、有序、协作的学术氛围。

(四)知识创新在高校团队建设上的实践

为了出色地完成高等教育所肩负的重大历史使命,高校必须尽快培养和造就一批创新团队。通过创新团队的建设,高校可以在学科建设、教学科研工作中组织起团结协作、创新能力强、学术水平高的科研突击队和教学团队,从而承担国家级重大科研项目,做出创新性的科研成果和出版高质量的教材,培养教师之间团结合作、奋发向上的优良校风,凝聚队伍,培养一批有相当影响力的中青年学科带头人,使创新团队成为高校学科的支撑,成为重大项目的主要承担者、学术研究和科研成果的摇篮、培养人才的基地以及科研基地的使用和建设者,重视团队建设是进一步加强教师队伍建设、提高教学质量和研究水平的新举措。

通过若干年的建设,重点高校都形成了一大批可以承担重大科研项目、能做出标志性成果的创新协作团队,同时培养出了一批杰出的学术带头人和学术骨干,一定数量的具有国际水平的学科带头人和学术大师。

①建立以绩效考核为核心的分配机制和以合同管理为特征的团队聘用机制。全面推行"以岗定薪、优劳优酬"的分配制度,对学科带头人实行在工资、津贴、奖励和福利待遇方面具有激励性的分配制度,积极探索来华工作和回国定居的专家的工资福利与社会保障制度,探索推动年薪制、协商工资制等多种工资制度;在"效益优先,兼顾公平;淡化身份,动态管理;支持创新、鼓励冒尖"的原则基础上,逐步建立适应团队建设和发展的"基本工资+岗位和任务津贴+业绩和贡献奖励"基本模式,以公平与效率相结合的工资福利分配机制,充分调动团队中每个成员的工作积极性、主动性和创造性。

为了始终保持团队的生机活力,促进竞争,激励和流动,应当建立和不断完善科学全面合理的符合创新团队特点的教学科研综合考核评价体系,要由关注过程管理向重视目标管理转变;将频繁的注重量的考核向以质量评价为核心的聘期考核转变;将对包含学科带头人在内的个体的考核向团队整体效益和成果的考核转变;考核期限、方式和指标应当有利于具有原创性的高质量、高水平的学术成果和高新技术产生,要关注团队所探索出的学科新方向,所建立的具有创新意识和水平的学科队伍;要重视原创性成果以及所解决的基础理论和国民经济重大问题,应当注重建立一个宽松的环境和宽容的体制以保护创新。

②探索一条有利于团队建设和发展的人事管理和资源及信息共享机制,鼓励和支持建立相关特区,赋予学科带头人(或其群体)在经费使用、人员聘用和聘任、薪酬确定等方面的自主权,克服现有校院系管理组织的弊端,打破影响组织团队的壁垒。现行的高校内部管理形态存在着影响团队建设的因素,要根据提出和承担重大科研项目、产生科技成果的需要,打破人才的单位所有制,淡化人才的行政隶属关系,反对学术机构行政化的做法,改变将人才固定到特定机构的做法,使高校内部的人力资源能够根据学科带头人组建团队的需要自由流动。鼓励高校按照培养优秀学科带头人,组织团队的需要积极推行内部组织形态的改革,通过系统的改革和资源的配置,催生一批跨学科、具有很强活力的学术团队。反对狭隘地理解学科建设的意义,拓宽学科建设的内涵,要将组织学术团队作为学科建设的最重要的内容和组织形态。鼓励团队自我发展,不断创新,创造一个开放的、民主的、自由的、高效的、灵活的团队自我管理体制,充分发挥团队的积极性和创造性,减少行政干预和不必要的行政管理。

③建立创新团队的示范性工程,鼓励高校根据各自的情况在可能取得重要突破的方向配置资源,建设若干创新团队。教育部在若干涉及国民经济发展的领域,涉及重要基础理论、重大工程的领域,根据高校的团队建设情况,选拔具有较强组织程度、提出并申请重要研究项目的团队,在人员经费方面给予必要的支持。重点资助知识结构合理、跨学科,以特聘教授为首的学术团队。高校要根据自身的优势和特色,在可能取得重大突破的方向,积极组织队伍,重点配置资源,努力形成若干具有承担重大课题研究能力、可能产生具有较大影响力成果,能够产生新的学科增长点、为基础理论和国民经济建设主战场解决重大问题的团

队,并通过团队的建设培养一批具有优良学风、学术影响广泛和组织能力优秀的学科带头人和一大批学术骨干。

④创新团队是基础重大科学问题研究和急需解决的重大技术问题研究的突击队,是创新性成果的源泉,是高层次人才培养的基地,是新兴交叉学科的生长点。创新团队要聚集一批优秀的科技人才,努力营造学术讨论热烈充分、观点见解激烈交锋、创新人才相互学习,激发创造力和攻关力的良好"生态环境"。创新团队应当有明确的专业特长和学科带头人,并拥有数名教育背景、工作经历和研究领域各异的主要研究骨干。

创新团队的模式应当是宽泛和多层次的,既有在实践中自然产生的在纵向领域不断扩展或深入的团队,又有应前沿科学研究需要而产生的通过重新组合相互协作的在横向的跨学科的新兴领域开拓的团队;既可能是"学术带头人+团队",又可能是"若干学科带头人+若干小团队"的组织模式。

四、知识输出管理

高校师资队伍进行知识学习和生产的最终目的是知识输出,只有将知识输出到社会才能实现高校的社会功能。对知识输出进行管理需要考虑如下两个方面要素。

（一）知识输出的目的

高校师资队伍知识输出具有两大目的:第一,把高校师资队伍掌握的知识输出到社会,实现高校的知识传播社会功能;第二,将师资队伍产生的新知识进一步转化为社会生产力,实现新知识的价值,为社会做出直接的经济贡献。

（二）知识输出的内容与方法

高校师资队伍知识输出的内容主要包括如下两大方面。

一方面是将知识输出给不同专业的学生,当学生毕业到社会参加工作后就把知识进一步输出到社会。这方面内容与高校师资队伍的知识传播部分内容相似。这种知识输出是以"人"为载体进行的。因此,加强学生的校内学习,做好毕业学生的就业安置工作能够保证知识输出。

另一方面是将知识转化为社会生产力,实现知识的经济效益。高校管理的主要工作是建立产学研结合机制,促进新知识(主要是各种专利)的产业化。这方面的知识输出以"新知识"本身为对象,以产业化为目的,关注的是如何实现知识的价值。只有高校是无法完成这项任务的,所以需要构建产学研结合的机制,与其他公司团体合作分工完成。如在高校与企业联合建立高科技研究院,双方本着互惠互利、优势互补、共同发展的原则,采用全新的校企合作模式,企业的研发机构入驻校园,在高校建立"研究特区",双方优势互补,强强联合,从而增强企业自主研发能力,提高企业技术创新能力和企业核心竞争力。

五、自学习管理

高校师资队伍必须建立起自学习的机制。作为一个社会组织,要想能够良性发展,必须具有自学习能力。

(一)自学习的定义

从前面的论述能够看出高校师资队伍的自学习包括四部分的内容:内部显性知识输出、内部隐性知识输出、内部显性知识输入和内部隐性知识输入。这里的知识输入与输出都是在内部进行的,对于高校师资队伍这个对象来说是自身的同一个活动,因此,我们把这些活动统称为"自学习"。把学习的含义进一步扩展,可以认为高校师资队伍这个群体自身形成的学习机制叫作自学习。这里研究的自学习管理主要针对狭义的概念。

(二)自学习的重要性

高校师资队伍作为一个知识源,必须具备自学习的能力,形成一种核心能力。高校本身要想具有自己的特点,就必须具备这个核心的能力。自学习的机制建立起来后,如果运行良好,将会吸引很多高等人才加入,进一步推进整个师资队伍素质的提高,形成良性循环。如果没有建立起自学习机制,高校师资队伍就只是形成一个松散的教师集合,本身没有知识增值,不能形成知识凝聚力,很难吸引人才,也很难留住有才华的教师。

(三)自学习的内容

高校师资队伍自学习的内容很多,主要可以从如下几方面考虑。

①自学习的知识不仅有显性知识,还有隐性知识。高校师资队伍产生的显性知识,可以各种形式在内部传播,比如讲座、培训等。另外,难以显性化的,主要存在于教师个人本身的隐性知识是很难进行传播的,只有通过长期的言传身教,才可以实现部分隐性知识在少数人之间进行传播。因此,在一个高校师资队伍中,大家工作、生活接触比较频繁,有很好的机会进行隐性知识的学习。

②自学习的知识包括很多学科领域,只要是本高校师资队伍掌握的知识都可以进行内部培训、学习。不同专业方向的教师,为了提高自身素质,也可以学习一些其他学科专业的知识,这样对于交叉学科研究具有更重要的意义。

③自学习对于高校师资队伍自身虽然是一个活动,但具体到队伍内部,也需要进行细化分工。掌握了新知识(包括从外部输入的知识和团队自身创造出的新知识)的教师负责将这些新知识条理化,准备好培训材料或讲座报告。想学习,需要学习新知识的教师应该安排好自己的时间,参加各种新知识传播活动。高校管理者应该掌握新知识提供的信息和学习者学习的信息,并且做好组织工作,提供一定的自学习平台。只有三方各自完成好自己的工作,自学习才能很好地进行。

(四)自学习的方法

高校师资队伍自学习的方法很多,针对不同的知识,可以采用不同的方法。

①常规的培训课程。对于一些需要长期培训的知识,应该采用这种方法,但必须安排好时间,因为教师一般都有自己的本职工作,他们常利用业余时间进行培训学习。要想达到预期的培训效果,必须保证学习时间,还要采用灵活的教学方法。因为都是本校教师,在培训课上能够形成很好的课堂气氛,形成互动式教学。

②学术会议、讲座报告。如果其他教师参加了校外的国际会议或者高级讲座,回来后可以组织——两次汇报或讲座,自己有新知识发现时也可以举行一次讲座,在科研团队内部可以定期举行学术报告,进行小范围自学习。

③以科研团队方式进行科学研究。由于隐性知识在人与人接触中传播、学习的可能性很大,特别是科学研究能力很难用一两次报告就能够学习到,所以对于科学研究,应该以科研团队的方式进行,大家经常在一起工作、学习、交流,这样才能增加接触机会,促进隐性知识传播,通过科研团队方式可以形成一支能力很强的科研队伍。

第八章 高校师资管理优化的机制建构

第一节 优化机制的理念

一、更新高校教师配置理念

（一）"人本管理"理念

"人本管理"是对管理对象在自觉遵守规章制度的基础上所进行的较高层次的管理,建立在"自我实现的人"的人性假设之上,强调人的自我实现,它要求组织中的成员具有明确的个人目标和实现目标的强烈愿望。对于高校来说,就是始终把教师放在核心位置,追求教师全面而健康的发展,充分调动教师的积极性和创造性,使教育科研获得效益的最大化。与此同时,组织要为个人发展提供支持,并通过为成员个人设定目标指向促使个人发展符合组织需要,通过这样的相互作用,最终实现组织与个人的共同成长。

高校承担着教学、科研、社会服务职能和高等教育育人功能、社会功能发挥的重任是一种特殊的社会组织。教师是高校的主体,是高校一切管理活动的首要因素。高校三大职能的实现和高等教育功能的发挥主要依靠教师完成,教师在高校职能的实现和高等教育功能的发挥中起着主导作用。高校管理活动必须以人为中心,把满足教师的需求,调动教师的积极性、主动性和创造性放在首位,真正实现"人本管理"。高校树立人本管理的思想,应该做到以下几点:

①把教师作为高校一切管理活动的出发点,以教师为本,激发教师的积极性,发挥其主动性。

②高校管理活动要始终围绕教师的选、育、留、用等活动展开,关注教师的职业发展。

③高校应尊重、理解、善待、关心教师,将蕴藏在教师体内的潜能、创造力发掘出来,努力形成勤于学习的氛围,创造高校人才辈出的生动局面,形成高等教育功能发挥、高校职能实现的核心资源与关键保证。

（二）"能本管理"理念

"能本管理"即以能力为本位的管理。"能本管理"理念突出强调的是管理要以人的能力为根本,以各种有效的方法,最大限度发挥人的能力,从而实现个人能力价值的最大化,同时,通过对能力资源的优化配置,形成推动组织发展、实现组织目标的强大力量。知识是人的认识能力的体现,智力是知识转化为智慧的能力,技能是智慧在工作实践中的一种应用能力,实践创新能力是以知识、智力、技能为基础的改造世界的能力,因而,知识、智力、技能和实践创新能力是"能本管理"的核心能力。这样,由知识到智力再到技能,然后再到实践创新能力,是由低层次到高层次、由认识世界到改造世界的发展过程。现代组织管理的一种新趋势就是实施"能本管理",这种以能力为本位的管理在组织管理实践活动中得到了广泛的应用。对于提升组织核心竞争力来说,正确、有效地利用"能本管理"思想将具有比较积极的现实意义。

在知识经济时代,各行各业的竞争日益加剧。企业如此,高校也不例外。为应对激烈的竞争,高校自身核心竞争力的提升已刻不容缓。高校应该紧跟时代的步伐,像现代组织那样,吸纳"能本管理"理念。尤其是高校在配置教师资源时,应吸收"能本管理"思想,把知识、智力、技能和实践创新能力、开拓能力、团队合作能力作为基本前提。对于教师来说,只有通过不断的努力,提高自身的能力素质,才能为高校的发展做出更大的贡献,同时,也体现了自己的人生价值。作为高校来说,高校要以教师的能力为中心,尊重人才,尊重教师,尊重和鼓励每一个教师的才能和创造力,坚持把知识、智力、技能、业绩和团队合作能力、开拓能力、创新能力作为衡量教师的主要标准,把最大限度发挥教师的能力,实现能力价值的最大化作为高校职能的实现和高等教育功能发挥的推动力量。高校教师资源优化配置的首要目标应该是提高教师的能力,并在合适的时间将合适的教师配置在合适的岗位上,以发挥教师的最大价值。同时,要通过实行情感沟通管理、教师参与管理、教师自主管理等管理模式变革,逐渐形成一种能力发现机制、能力使用机制和能力开发机制,在此基础上,实现能岗匹配、能级匹配和能酬匹配,从而最终实现利用人的创造力达成高校长远发展的目的。

"能本管理"与"人本管理"二者相互依存、辩证统一。对于"能本管理"来说,人的知识、智力、技能和创新能力是其核心内容,"能本管理"通过组织给予的公平竞争平台与条件来使个人的能力得以展现,从而充分体现人的能力价值,其主要是通过提高和发挥人的能力来实现组织发展目标的。而"以人为本"是现代管理的一个基本原则和理念,人在组织中的主体地位和主导作用是"人本管理"思想所强调的,更为强调围绕人的积极性、主动性来提高管理活动的效率,"以人为本"是"能本管理"的基础,又是"能本管理"要遵循的基本原则,"能本管理"源自"人本管理",所以,"能本管理"首先应该做到"以人为本"。实际上,"能本管理"并不排斥"人本管理",恰恰相反,"能本管理"是对"人本管理"的升华和具体化。强调人力资本对于组织财富创造具有决定作用的是"人本管理"思想,而更强调人力资本创造财富所需要的能力要素及其与其他资源有效配置的途径与方式的是"能本管理"思想。"能本管理"可将比较抽象的"人本"概念用一系列实实在在的能力指标去体现,对于指导组织人力资源管理更具有操作性,"能本管理"比"人本管理"更深刻地揭示了人力资本在与其他资本(或资源)配置过程中的地位和作用。在知识经济时代,以人的实践能力、创新能力为核心的人力资本在经济发展中发挥着主导作用,现代管理活动也逐渐由以人为本的"人本管理"发展到以人的能力为本的"能本管理"。更高层次和意义上的"以人为本"就是以人的能力为本,"能本管理"是更高层次、更高阶段和更新意义上的"人本管理",它是在"以人为本"的管理过程中凸显出来的一种新的管理思想,是"人本管理"发展的新阶段。因而,"人本管理"和"能本管理"两种理念在高校教师资源优化配置活动中并不冲突,反而能取得相得益彰、共同促进的效果。

(三)"优化结构"理念

教师资源配置是一个有机的整体,教师资源配置理念,教师资源配置中的方法、各因素之间相互联系、相互依存、相互作用,教师资源中的年龄、职称、学历、学缘结构、知识、能力、素质结构等有一定系列和层次,具有结构性,而一定的结构决定着教师资源的性质和功能。所以,在教师资源配置中要坚持优化结构的原则,对教师资源进行结构分析,建立教师资源良好的结构,以求得系统的优良性质和功能。"优化结构"理念要求我们在进行教师资源配置的实践和研究中,要遵循系统的性质和变化的规律,运用系统的观点和方法,形成教师资源优化的结构。同时,根据外界环境的变化,对教师资源结构做出相应的调整,以确保教师资源结构处于动态的优化状态,更好地实现高校办学目标。

二、完善高校教师配置机制

由于高校教师资源的配置机制受两个客观因素的影响,因而,对于高校教师配置机制的完善需要考虑两个方面:一是保证市场的基础性作用;二是在政府与市场、政府与教育关系方面,政府干预必不可少。二者如何结合,如何在二者之间找到最佳结合点,是完善高校教师配置机制的关键。因此,首要面临的问题是分析市场经济条件下人力资源配置系统的运作主体和各种基本关系,重构与市场经济相适应的高校人力资源配置体系。

三、构建高校教师配置系统

要完善高校人力资源配置机制,还需要按照系统化原则建构高校人力资源配置体系。完善的高校人力资源配置体系应该包含基本的人才市场要素,具有明确的市场主体、动力机制和运行保障。其具体内容包括以下两个方面。

(一)主体系统

在高校人力资源配置中,影响人力资源权属关系的活动主体就是高校人力资源配置的主体。所谓高校人力资源配置主体系统,就是指在高校人力资源配置中,不同主体之间协同作用,相互影响,共同构成的有机整体。市场经济不同于计划经济,在市场经济条件下,应该遵循市场经济的基础规律,正确认识到高校人力资源配置机制转换过程是高校、个人和政府三种配置力量不断调整和转换的过程。因此,组成高校教师资源配置主体系统的三大要素就是高校、个人和政府。

（二）动力系统

动力系统即由供求状况和资源配置效率决定的人力资源的价格机制，也称工资机制。这是人力资源配置的动力和主要调节器，是连接人力资源供、需两个主体的纽带。高校应该根据人才价格水平和人力资源成本约束决定使用多少与使用何种人才。在等价交换原则下，人才个体和高校需要依据人力资源的价值和供求情况以谈判方式确定工资，依据人才在使用过程中创造的新价值的大小确定效益工资，实行联效计酬的分配方法。

四、创新人事管理，创建教师管理模式

（一）开放的规划和编制管理

教育主管部门对高校教师职务评聘逐步做到不再实行职数管理，改为教师职务结构比例宏观指导，并逐步过渡到高校自我约束、自我控制，形成高校教学科研队伍的合理结构，提高用人效益。在制定和实施师资管理规划的过程中要具有开放的观念和开阔的视野，要善于保留关键人才，培养重点人才，更新一般人才。同时，在教师编制上，固定编制和流动编制相结合，固定编制尽可能减少，流动人员的比例逐步扩大，实行校际互聘教师和吸收有丰富经验的社会科技人才兼任高校的一部分教学科研职务，建立一支以学科带头人和中青年教师为主、兼职教师为辅的相对稳定、流动开放的师资队伍。

（二）开放的聘任管理

开放的聘任管理主要是指聘任关系平等，标准明确，程序严格，聘任关系契约化，实行双向竞争和择优机制。其核心是高校和教师在平等的基础上建立完全意义的契约合同，明确双方的权利、义务、责任关系。由论资排辈向竞争择优、激励约束机制转变。教师聘任制改革要引入竞争择优，完善激励约束机制，促进优秀拔尖人才脱颖而出，促进人才资源的优化配置。由行政任用关系向平等协商的聘任合同关系转变。聘任合同是规范聘任双方权利义务关系的法律文本，是聘任制的重要基石和载体。

（三）开放的考评管理

要不断完善教师工作的考评制度，建立科学合理、简便易行的考评标准和考评办法，定量定性考核相结合，定期和不定期对教师进行严格认真的考核。考核结果的运用要公平合理，与教师的培养、晋升、奖惩等结合起来。

（四）人才管理合同化

人才市场通过供求关系调节人才流向和流量，这种供求关系是动态的。

（五）激励机制科学化

激励机制的优化，需要考虑对教师进行物质和精神的激励相结合，在通过工资、津贴、奖金等劳动报酬进行激励的同时，还要考虑教师的个性特点、不同的需求，运用马斯洛的需求层次理论适当合理地对教师进行精神的激励。

五、形成关键人才保护机制和信息系统

在对人力资源进行区分的基础上,把建立关键人才保护机制和高层次人才数据库作为辅助措施以有效调动各类人才的积极性。

(一)设立专家保护基金

专家保护基金由政府财政出资,或从每年的人才开发基金中划出一部分专款,由专门部门或单位进行管理,专款专用。主要是用于专家的强制医疗保险、专家最低生活保障、专家活动的组织,同时,对专家国内休假、国外考察等进行补贴。

(二)建立专家信息管理系统

专家信息管理系统主要是形成由政府、高校、社会和专家个人参与的专家服务网络和跟踪服务机制,以缩短关键人力资源或者重要人力资源的搜寻时间,促进专家学者之间的交流合作或推动科技成果的推广转化。专家服务网络的设置,由高等教育主管部门建立或人事管理与科研管理部门联合建立,也可以委托人才服务机构建立。

第二节 结构机制

一、高校教师职称结构优化

职称结构反映了师资队伍总的学术水平和它所能适应的教学科研工作。高校教师队伍在整个社会智力结构中,应属于高知识、高智能水平范畴。确定科学的师资队伍职称结构,对充分发挥师资队伍的教学、科研能力,组成合理的梯队,提高工作效率非常重要。高(副教授以上)中(讲师、教员)初(助教)三类人以怎样的比例最为合理,目前看法不一。但一般来说,从普通高校来看,"二四三一"式的职称结构为宜,即助教、讲师、副教授、教授的比例为 2∶4∶3∶1。

不同层次、不同类型、不同规模、不同师资水平高校的教师职称比例应根据实际情况进行考虑。

①分全校和专业学科,进行职称结构的优化。

②以教师的合理流动控制教师的职称比例。

③改革原有的职称评定办法,实行一定学术机构的评审和行政领导聘任相结合的制度,以打破"论资排辈""一潭死水"的现状。

二、高校教师学历结构优化

学历层次反映教师队伍的业务素质,即他们的基础训练水平及发展的可能性。因此,我

国高校从根本上提高教学质量和学术水平的重要课题之一便是改变这种学历结构不合理的现状。

改变不合理学历结构的方法可以考虑以下四点：一是高校教师招聘的标准要提高，提倡引进具有博士学位的人员，重点补充具有硕士学位的人员，大学本科学历的人员在原则上不允许再吸收为高校教师；二是加大引进和培养高层次人才的力度，并有效激励优秀人才；三是加强在职教师继续教育，阶段性地大力提倡高校教师在职提高学历层次，开辟和完善高校教师在职攻读博士、硕士学位的渠道；四是对高校人事制度进行改革，严格退休制度，改革教师分配制度、优化激励机制等。

三、高校教师年龄结构优化

高校教师的年龄结构，在一定程度上反映出高校教学、科研的活力，体现出高校教学科研水平的稳定程度，直接影响教师的连续性和继承性。根据统计数据显示，办学层次越高的高校，教师队伍老龄化趋势越明显。

合理的年龄结构设置，主要应从宏观上适当控制教师队伍中各年龄段教师人数的动态平衡，使其符合新陈代谢的自然规律。从总体上讲，青年教师略多于中年教师，中年教师略多于老年教师，从而构成"金字塔型"的年龄结构，为比较合理的年龄分布规律。

四、高校学科及能力结构优化

人力资源是组织发展的第一资源，合理的人力资源结构将使组织的人力资源投入产出更为有效；在现实实践运行中，对于组织来说，即使根据组织战略设计了人力资源配置计划，但现实是往往在运作过程中，组织并不可能完全按照计划操作，从而使人力资源配置计划只反映了组织发展过程中组织人力资源需求的规律，而人力资源的具体工作应给予的有效指导很难做到，特别是在当前国内的人力资源市场没有真正形成的状况下，有效的人力资源结构调整无法进行，对应组织战术、业务、规模等因素变化而产生的人力资源需求的变化难以适应。这就需要考虑人力资源的结构问题。

人力资源结构主要包括人力资源数量、人员类别构成、员工基本结构、员工能力素质，职位结构等。具体如下：人力资源数量是反映人力资源数量与组织机构的业务量的匹配程度；人员类别构成是指组织人员类别构成，它显示了一个机构业务的重心所在；员工基本结构反映了员工的年龄、民族、性别等分配情况；员工能力素质则是组织内不同能力、不同素质员工的配置状况，反映了组织总体能力和各部门的能力状态，但组织能力是员工能力的组合，而不是简单的员工能力的总和；职位结构是指组织职位体系、岗位体系的现状以及人力资源分布在二者上的反映。人力资源结构直接反映了组织人力资源配置的现实状态，在分析组织战略的基础上，可以比较清晰地看到现有人力资源是否能够对组织战略的实现给予支撑以及其中潜在的问题。一流的人才并不能和一流的组织画等号,而一流的人力资源结构才是一流组织的基础,组织是不断变革的,而传统的职能结构模式远远不能满足这种变革的要求。在人力资源总体结构中,组织员工素质构成状况以及职位结构状况应是最核心的,员工能力素质的构成不但反映了组织总体能力倾向,同时也反映了组织总体能力的不足。而职位结构状况,既反映了组织职能的分布情况,又反映了组织对员工职业发展的导向。

人力资源的开发可以解决所有的这些问题:

①从组织职位体系入手,建立职位体系,打通组织内部不同系列职位的职业发展通道。

②从岗位能力要求入手,根据企业战略,分析在组织变革中,各岗位应该承担的责任,得出各岗位发展所需要的能力素质模型,并以此作为标准衡量,评价员工的能力。

③重视员工的职业发展,帮助组织员工建立正确的职业发展方向,向学习型组织迈进,引导员工能力素质的提升,从而优化组织能力素质结构。

④引导员工根据自己的个性特点、能力特长制订发展计划,使员工适应组织发展的动态需求。

第三节 运行机制

一、规划高校教师人力资源

人力资源规划是企业或其他大中型机构为实施其发展战略,实现其目标而对所属人力资源进行预测,并为满足这些需求而预先进行系统安排的过程。人力资源规划是企业发展战略及年度计划的重要组成部分,它是企业人力资源管理各项工作的依据。

人力资源规划是企业总体发展战略规划的重要组成部分,是实现发展战略目标的重要保证;人力资源规划是为了满足企业组织发展的要求而制定的;人力资源规划的基本任务是适才适时适所,确保各类适用的人才(包括数量,质量,层次和结构等)在适当的时机获得适当的工作岗位,从而实现企业人力资源的最佳配置和动态平衡;人力资源规划的总目标是最大限度地开发和利用企业人力资源,有效地激励员工,提升员工的素质,不断增强企业智力资本竞争的优势。

从字面上理解,高校人力资源规划的主要功能和目的在于预测高校的人力资源需求和可能的供给,确保高校在需要的时间和岗位上获得所需的合适人员。

实际上,高校人力资源规划是一项系统的战略工程,它需要以高校的战略为指导,以高校的办学定位为方向,其基础是全面核查现有人力资源,分析高校内外部条件,把预测组织对人员的未来供需作为切入点,岗位职务设置规划、外部人员补充规划,内部人员流动规划培训开发规划、职业生涯规划、退休解聘规划、绩效评估规划、薪酬激励规划、校园文化规划等是其主要内容,基本涵盖了人力资源的各项管理工作,同时,人力资源规划还通过人事政策的制定对高校人力资源管理活动产生持续和重要的影响。

所以,在高校人力资源管理职能中,人力资源规划最具战略性和积极的应变性。高校发展战略及目标、任务,计划的制订与人力资源规划的制定紧密相连。高校的人力资源规划设置了人才招聘和录用的人才理念,选聘的目的、要求及原则;教师职前职后培训及职业发展,都需要依据人力资源规划实施和调整;人力资源规划规定了教师的薪酬、福利发放原则和政策。而且在实施高校目标和规划过程中,它还能不断调整人力资源管理的政策和措施,指导人力资源管理活动。因此,高校人力资源规划为下一步整个高校人力资源管理活动制定了目标、原则和方法,处于整个高校人力资源管理活动的统筹阶段。通过制定或完善师资队伍规划,高校可以将合适的教师在合适的时间放在合适的位置上,以有效完成任务,培养出高水平、高质量并具有市场竞争力的学生。

二、分析教师需求与岗位设置

职位分析也称为工作分析,它是人力资源工作的一个最基本的方法和工具。职位分析是一种系统地收集与职位有关信息的过程,包括任职条件、工作职责、工作环境、工作强度以及工作的其他特征,核心是解决"某一职位应该做什么"和"什么样的人来做最合适"的问题,主要成果为职位说明书与任职资格。

把工作分析理论运用于高校,重要的任务就是科学设岗,关键是依据工作需要确定岗位。以教学为主的教师和以科研为主的教师确定岗位的依据是不同的,以教学为主的教师应以教学工作量确定岗位,以科研为主的教师要以科研工作量来确定岗位。在进行工作分析时,要统筹兼顾,具有战略眼光,既要考虑高校的眼前发展,又要考虑高校的长远利益,要处理好师资队伍现状与发展的关系。

（一）教师需求分析

"按需设岗"是教育部《关于新时期加强高等学校教师队伍建设的意见》中提出的高等学校师资管理原则之一,所以在增设岗位之前,高校人力资源部门或人事部门首先必须根据高校几个方面的实际情况对该校的教师需求状况做一个预测分析。主要包括:第一,对现有教师队伍的年龄结构、学缘结构、学历结构、职称结构、专业结构等进行分析,同时,分析高校为完成教学目标所需要的教学任务;第二,对高校近几年内的招生情况及变化有清晰的认识,以便对教师队伍进行调整;第三,在高校的整体建设中,学科建设是龙头,故需充分考虑学科建设,特别是重点的学科建设。学科建设又是一项综合性、全局性、复杂性、长期性的系统工程,涉及学科带头人、学术骨干、学术梯队,教学科研水平以及条件保障等多个方面,其核心是学术梯队建设,关键是学科带头人的选拔、培养和建设适应学科发展需要的结构合理、数量恰当、素质精良、富有活力以及对教学科研工作有饱满热情的学术梯队,造就一批在教学科研当中能真正起带头作用的学科带头人,这是普通高校师资队伍建设的中心任务和主要目标。

总之,在对师资队伍需求进行预测时,必须充分考虑师资队伍的现状,高校的入学人数变化,学科建设要求以及高校的培养、发展目标。只有这样,才能清楚地知道高校还需设置哪些岗位,从而能更快、更好地达到高校的目标。所以,对高校教师需求进行分析是进行岗位设置的重要前提。

（二）教师岗位设置分析

科学设岗是以岗位成本原则和优化师资资源配置为基础,强调岗位职责,建立岗位说明书,并坚持因事设岗,而不是因人设岗,应该以岗择人,公开招聘,平等竞争,择优聘任,严格考核,合同管理。遵循这一规则进行岗位设置,能够从根本上明确教师岗位成本原则,剔除因人设岗的传统做法,把岗位作为投资成本的反映。同时,各级教师岗位也反映了学科发展和教学科研任务对教师资源的需求。

高级职务岗位要优先保证重点学科的人员配置,根据高校发展战略和定位,对高校拟发展的学科根据学科规划酌情考虑。进行岗位设置时需要留有余地,以便用于人才引进及优秀人才的破格晋升,做到有利于中青年教师脱颖而出,有利于高校学科的发展。

在对教师需求进行分析后,还需要对教师岗位进行分析,明确岗位职责、任职资格等,也即明确岗位说明书,由此来确定与岗位相适应的人选标准。人选标准是招聘的最主要依据,故对人选标准的制定至关重要,人选标准制定得合适与否,决定着能否为该岗位寻找到合适的人选。

三、建立高校教师人力资源聘任机制

实施以岗位聘任制为核心的人力资源管理的目标是围绕建设具有世界先进水平的一流大学的需要,建设一支精干高效的高水平的师资队伍。

（一）优化人才引进机制

人才引进是一个系统工程,首先要在制度上明确人才引进的政策,然后严格选拔程序,注重引进教师的专业背景、经验、能力、素质等。

积极进行制度创新,打破高校与其他行业、职业的体制性壁垒,针对不同层次、不同类型人才的特点,探索多样化的人才聘任形式,拓宽人才选聘范围,形成多元化,开放式的资来源格局。面向社会开放教师职务岗位,鼓励高校尤其是应用型高校更主动,积极地招聘企业、科研院所和政府机关等部门具有较高学术造诣、丰富实践经验的各类高层次专业人才,提供兼职或专职的教师岗位。依托教育部"高层次创造性人才计划"和"春晖计划"等,运用聘请兼职,合作研究、邀请讲学等多种形式,争取更多的海外学者回国工作和为国服务,实现更大程度的优秀人才资源共享。

积极探索新型的用人管理方式,促进教师人事关系的进一步社会化。改变传统的教师身份管理制度,使人事关系与劳动关系相分离,在高校和教师之间形成真正的双向选择,从而真正达到人员能进能出和人才柔性使用的目的。

目前,部分高校探索的人事代理是一种新型的用人管理方式。这是一种新兴的通过官方中介方式获得人员使用权的用人方式,目前的人事代理机构主要是地方政府的人才交流中心或其认可的中介机构,可以专业化办理人事代理者的各种社会保险,一旦合同终止或履行完毕,当事人无后顾之忧。人事代理的主要特点是用人方式比较灵活,数量可多可少,不受编制限制,人才标准可高可低,完全由高校根据工作需要自主确定;有比较健全的社会保障体系,不存在后顾之忧。

(二)推行与完善教师聘任制

教师职务聘任制具有聘任双方关系平等、聘任双方关系契约化、聘任实行任期制、聘任过程社会化和公开化、聘任实行双边竞争和双向择优机制等特点。真正意义上的教师职务聘任制,必须有明确的职务岗位设置、职务责任、职务岗位结构比例、职务任期、职务工资,它以聘任合同的方式确定教师被聘任的职务,被聘任的期限、被聘任期间的教学任务、应当承担的教学工作量及履行职责后应得到的职务工资等,实际上是一种把教师的任职、任务期结合为一体的聘任形式。

(三)建立教师资源共享机制

目前,教师资源的共享机制成为教育界研究的一个热点。教师资源共享,就是要打破师资管理中的自我封闭状态,改变教师分布不均匀、人员不流动、结构不合理、余缺不互补的现状,大力挖掘高校中骨干教师、学科带头人的潜力,合理安排其间,拿出少量时间和部分精力到其他高校去兼职授课、指导学生、合作科研,可以帮助层次低的高校教师提高教研能力。

同时,高校教师资源共享对高校生师比过高、专职教师比重小,专家教师资源短缺等问题的解决有着重大的意义。一方面,高校教师资源共享,可以聘请其他高校的一些教师来校任教或搞科研,从数量上能够增加高校的教师人数。在学生人数既定的情况下,教师人数增加,生师比降低。另一方面,从外校聘请教师,对于聘请高校来说,这些教师属于兼职教师,可以促进教师的合理流动。再者,高校教师资源的共享主要是充分挖掘其他高校中的骨干教师和学科带头人的潜力,从外校聘请高学历,高职称,高素养的专家教师资源,而较少聘请学历、职称和素养都一般的教师,从而增加了高校的专家教师资源。

建立高校之间的互聘和联聘机制是当前高校教师资源共享使用最普遍,也是最有效的一种方式。通常情况是普通高校到知名高校和重点高校聘请专家、学者担任兼职教授和客座教授,并使其承担一定的教学科研任务,定期到高校给学生授课或举办讲座、指导青年教师和研究生,帮助高校进行学科建设和科研合作等。

从另一个角度来说,大力推进产学研合作,也是实现社会化优质师资资源共享的一个较好途径。比如推进和扩大"产学研研究生联合培养基地"建设试验范围,使更多的企业和科研院所共同参与研究生联合培养;将合作的层次扩大到本科和高职高专层面,确定一批企业和科研院所作为高校教学的试验基地或实习基地,培养基地导师视同高校师资享有同等权利,并纳入高校统计体系。推进有条件的企业科研院所与高校携手共建相关院、系,聘请相关企业或科研院所的高学历,高职务,又有丰富实践经验的专业人员担任授课教师或试验指导教师。

总之,高校教师资源共享使原本专属于某一所高校的教师资源现在可以为两所、三所甚至更多的高校所使用,在教师资源总量不变的条件下,可以对其进行充分发掘和利用,通过共享的方法使其在数量上增加,在质量上提高。

四、构建高校教师终身培训体系

(一)构建培训体系

加强教师的专业化发展既是提高教师社会地位的内在需求,也是促进教师素质提高的必然选择。对于教师素质的提高,不仅需要教师个人的努力,还需要所在高校加大对教师再教育的重视程度及实施力度。教师专业化发展的有效途径之一就是贯穿于职前、职后的教师培训体系的建立,教师培训必须遵循教师专业化发展的需求,结合教师自身实际,充实基础、更新知识、转变观,提高教师终身学习的能力。高校人才资源培养培训机制的构建,要形成三个观念,即人才培育智力投资观念,人才学习终身化观念、人才培育政策市场经济观念,并注意人才培育政策的法制化,育人、用人的一体化,同时,注重实效。科学化高校的培训项目可以由高校的人事部门进行组织,委托专门培训机构进行培训。对于培训内容,可以根据各种职位、专业的不同设计不同的设计不同的形式与要求,但共性的要求是新知识,新技能的培训,注重提高员工工作技巧和解决实际问题的能力,并将培训的成绩作为考核的一项内容。

(二)培训的主要内容及培训形式

高校教师培训的内容涉及很多方面,主要包括学科专业知识、教学与科研能力、教育理论知识、思想道德素养、现代教育技术教育法律法规等。

1.学科专业知识

教师首先要具备专门的知识和能力,即具备所教学科的深厚的理论功底。高等高校的每一门学科知识都是将科学性、实践性、创造性集于一体的学问。教师只有精通所教学科的知识,才能在学科教学中高屋建瓴,科学而又富于创造地达到教学目标,最终在学术上将学生带到学科的前沿。

2.教育理论知识

高校教师需要具备较深厚的教育理论功底,同时懂得教育教学规律,懂得学生的身心发展规律。

3.现代教育技术

现代社会是高信息化的社会,高校教学活动与现代教育技术的关系日益密切。作为教师,必须掌握现代化的教学手段,实现多媒体教学手段和其他教学方法的有机结合。

4.思想道德素质

何为教师——"师者,传道授业解惑也",所以,教师必须注重自己思想道德的修养,遵守职业道德守则,培养专业精神。对于高校来说,要想提高教师职业道德修养,首先应制定职业道德规范,明确规定教师应遵循的行为规范和必备的思想品德,并建立相应的评价考核体系,在职务晋升、评奖评优中把职业道德放在重要的位置上。

(三)培训的经费筹集与保障

对于教师培训来说,培训经费是一个突出问题。各高校需要充分重视,下大力度对教师进行培训,就必须确保培训经费的合理筹集和公平分配。在当前国家对教育经费的投入还无法完全满足教师培训的需求的情况下,各高校可按照效益共享、责任共担的原则,由高校和教师共同承担培训费用;有条件的高校可以试图建立筹措培训经费的新机制,积极争取和鼓励社会、企事业单位和海外侨胞捐赠设立教师培训专项基金,专门用于高校教师培训。

通过教师自身的终身学习和不断探究,促进教师素质不断提升,进而使教师专业化水平获得持续发展。教师的专业发展空间是无限的,要经历一个从不成熟到相对成熟的专业员的发展历程。因此,高校教师培训必须符合教师专业发展的终身性要求。同时,教师所在高校应当制定相关优惠政策,为教师的终身教育和终身学习提供政策上的保证,鼓励教师通过各类学习和培训提高自己的专业水平与职业能力。

(四)完善高校教师薪酬制度与运行机制

针对现行高校薪酬制度与运行机制存在的问题,有必要进一步进行改革和调整,逐步完善薪酬运行体系。构建适合高校特点的激励有效、竞争有序、科学公平、调控合理的高校薪酬制度与运行机制,是高校完善教师薪酬制度与运行机制要解决的问题。

1.高校教师薪酬制度与运行机制应遵循的原则

①薪酬制度的公平原则。薪酬制度不但要注重效率,适当拉开薪酬差距,同时要兼顾公平,避免造成两极分化。这种公平既包括高校内部不同系列人员之间薪酬水平的公平,又包括高校外部其他高校同类人员之间、高校同一地方人员之间薪酬水平的公平,同时要体现个人投入,贡献大小与薪酬所得之间的公平。国家应成为整个薪酬体系的平衡器,为保证薪酬制度的公平做好调解和控制。

②薪酬结构的合理原则。薪酬涉及高校教师切身利益,是调整高校教师劳动关系的重要手段,是高校教师十分关心的问题。薪酬结构设计是否合理直接影响教师各方面积极性的发挥,因此,构建薪酬结构时应充分考虑其合理性,逐步解决现行分配中存在的不合理因

素,同时要有一定的理论依据作支撑,做到合情合理,使高校教师普遍接受。

③薪酬水平的竞争原则。高校教师的薪酬水平如果不具有外部竞争力,则很难吸引高水平人才进入教师队伍,从而影响高校的长远发展和人才强校战略的实施;高校教师薪酬水平如果没有内部竞争性,差距过小,就会重走"大锅饭"的老路,严重挫伤高水平人才的工作积极性,不利于人才稳定。高校教师的薪酬水平应具有保证高校自身教师资源的增量提高和存量优化竞争性机制。

④薪酬运行的激励原则。薪酬是个人和组织之间的一种心理契约,这种契约通过教师对薪酬状况的感知而影响教师的工作行为、工作态度和工作绩效,从而产生激励作用。当教师对薪酬政策的满意程度较高时,就会激励教师为高等教育事业多做贡献,这时激励作用表现最强;反之,就不能激励教师或激励作用较弱。因此,薪酬运行不仅要建立正常的增资机制,使教师的薪酬水平得到不断提高,还要建立教师薪酬的吸引机制,以此获得教师对薪酬政策的较高满意度,激励教师多做贡献。

2.高校教师薪酬制度的关键是应准确定位薪酬水平

薪酬水平设计的关键是能否使薪酬发挥最大功效,突出薪酬的激励作用,薪酬的激励作用发挥得如何,首先取决于教师对薪酬水平的满意程度,当教师的薪酬水平与期望的薪酬水平比较接近时,薪酬的激励作用才能得到有效发挥;其次是薪酬激励机制能否被普遍接受,只有科学合理的薪酬制度和运行机制,才能激发教师的工作热情,使有限的薪酬投入产出无限的贡献回报。

建立合理的激励制度,首先要建立合理的具有激励作用的分配机制,这是与高校教师设岗、岗位聘任相配套的校内分配改革制度。

鉴于目前高校分配制度改革还不能完全摆脱原有的计划经济体制下的工资模式,即职务与档案工资紧密挂钩,所以应当保留档案工资,并建立以岗位津贴为主导的分配模式,要突破按专业技术职务套定津贴标准的模式,受聘到哪一岗位即享受哪一岗位的岗位津贴标准。在教师岗位上设立学科带头人、学术带头人、学科骨干、学术骨干、骨干教师、主讲教师、助理教师七个等级的岗位津贴标准。根据学科建设和教学科研任务需要,适当拉大岗位之间的分配差距,重点向关键岗位倾斜,按年度任务目标完成情况进行考核。

同时,要完善福利制度,保证各类人才的福利待遇随着经济发展不断提高,并且逐步实现规范化、制度化、货币化,建立重要人才投保制度。

五、改革高校教师薪酬体系

(一)选择一次性奖励作为教学和科研的绩效工资形式

在薪酬体系中,绩效工资是非常重要的一部分。绩效工资的实质是在产出和报酬之间建立了某种函数关系,设置绩效工资的目的是体现工作实绩和具体贡献。绩效工资有多种形式,常见的有计件工资、佣金、奖励工资和一次性奖金等。由于高校教师岗位有多种,比如教学岗、科研岗和教学科研并重岗等各种不同类型的岗位。如何针对不同的岗位设置不同的绩效工资制度,是当前高校教师工资制度改革中最重要的问题之一。计件工资是绩效工资的主要形式,主要用于产品生产领域;佣金主要用于销售人员,一般按照销售额的一定比例发放。二者都不符合高校任何岗位的教师的工资确定形式。奖励工资以业绩增值为基础,获得之后要进入基本工资。高校教师的基本工资一般为岗位工资和薪级工资,这意味着业绩增值主要通过岗位和薪级的变动来实现,也不适合教师岗位的工资形式。所以,一次性奖金可以较好地体现贡献和业绩。

（二）岗位聘任以能力为标准,薪级确定以年资为标准

当前,高校教师岗位聘任中主要体现的是资历。根据资历确定岗位等级的优点是易于推行,缺点是不能很好地发挥岗位晋升的激励作用。调动广大高校教师的工作积极性是工资制度改革的最终目标,由此考虑,在岗位聘任标准确定时应以能力为标准。在岗位内部的薪级设置时,可以考虑采用年资作为标准。

（三）适当调整薪酬构成的比例和薪酬的差距

一个好的薪酬体系,既要能留住人才,又要能激励人才。高校的薪酬中基本工资占到40%的份额,余下的60%是校内创收部分。由于受国家有关政策约束,高校薪酬改革只针对这60%部分进行,改革的主要工作也就是根据期望值调整好这部分薪酬的各项功能之间的比例。薪酬需要发挥其保障的功能和激励的功能,一方面要与当地整体生活水平保持一致,保证教师的基本生活需求;另一方面以绩效工资来体现优秀教师创造出的价值和付出的努力,用高绩效薪酬来引导并实现对员工的有效激励。

（四）分学科确定教师工资水平

在市场经济的大背景下,高校参与市场竞争不可避免。高校教师的工资水平既要考虑到外部竞争性,又要考虑到内部公平性和合理性。教师的学科、专业是不一样的,同时,教师的工资水平既取决于学术劳动力市场的供求状况,也取决于与各学科和专业对应的其他行业的劳动力市场供求状况。因此,不同学科的教师应该有不同的工资水平,具体标准可参考各行业市场薪酬调查数据。

六、完善高校教师考核体系

（一）高校教师绩效考核的目的

为聘任、晋升、奖励或者处分提供依据是高校教师绩效考核的目的,也是为了鼓励教更好地履行岗位职责,让教师不断成长,在业务方面和综合素质方面不断进步,更是为了给教师发展提供方向和动力。教师考核的结果,最重要的目的是岗位聘任。根据聘任合同所规定的目标进行聘期考核,合格的应该续聘;不合格的下次聘任时不得申请聘任现级别岗位及

以上级别岗位。通过考核,发现教师的不足和缺点,进行分析、改进和培训,有助于教师职业发展。

（二）建立科学严密的教师考核机制

教师考核机制的科学性、严密性、合理性非常重要,应以定量和定性相结合的方式进行设计。考核体系的设计,首先要进行岗位说明书的制定,进行岗位分析和评估,使教师明确自己应履行的职责和所承担的任务。这样考核和被考核者都有所适从,从而使按岗考核有据可依。建立教师考核机制应注意几点:一是在重点考核教师工作业绩的同时,不能忽视教师的思想政治素质和职业道德修养;二是对聘期内的各项任务指标进行量化分解,给予合理的分值;三是对教师岗位必须完成的任务目标应有刚性约束。

（三）构建教师考核模型

根据大多数高校(尤其是研究型大学)的实际情况,将绩效考核体系划分为考核系统、绩效子系统、绩效模块、绩效指标、绩效要素五个层次。其中整体绩效考核系统划分为显性绩效子系统和隐性绩效子系统,显性绩效子系统划分为教学模块和科研模块,隐性绩效子系统划分为育人模块和服务模块。教学模块进一步细分为教学量指标、教学效果指标,科研模块进一步细分为科研量指标、科研等级指标、科研效果指标。育人活动投入时间指标、育人活动效果指标为育人模块的子指标,社会服务投入时间指标,社会服务效果指标为服务模块的子指标。

每个指标又可以再进行细分,比如教学量细分为课时量、学生数量、课程等级、课程难度等要素;教学效果又细分为学生平均成绩、学生对课程的认可程度、学生对课程的反馈意见等要素;科研量细分为科研经费量,科研投入时间,科研投入人数等要素;科研等级细分为科研项目属于国家级重大,重点项目,或省部级项目,或服务地方或组织的应用型研究项目,或自选项目等要素。

七、创建高校教师人力资源激励机制

（一）优化高校教师激励的环境因素

1.高校组织的概念

组织就是指具有一定的共同目标和按一定的活动规范组成的社会群体。对于高校来说,组织是高校管理的重要功能,是人力资源激励的基本依托。群体性和分工性是组织的重要特征,也是第一个特征,组织的活动是一种群体的活动,而这种活动既是组织成员彼此依赖、相互协作的需要,又是通过成员之间的分工和协作来进行的。规范性和约束性是组织的第二个特征。为了保证这种群体活动能有序、有效地进行和处理好组织成员的相互关系,组织需要形成具有相对稳定的权力结构,并以某些明确的规范约束组织成员的行为。目标性和定向性是组织的第三个特征,没有目标不成为组织,有一定的共同目标才能把组织成员凝聚在一起,而由于一定的活动目标,组织的活动一般也总是定向在社会生活的某一或某些领域中。

高校就是一个大规模的组织,该组织中包括了教师群体、学生群体、行政管理人员、后工作人员等若干团体,它们均具有不同的工作范畴和工作职责,在高校这个组织中发挥着同的功能。从一般意义上讲,组织的主要特征是为了达成某一特定的目标。培养高质量的高层次人才是高校的特定目标,高校内的所有团体和个人都要以此作为自己的目标,并根据自己特定的地位去扮演一定的角色,这样,组织内部便形成了一定的等级体系和分工协作关系,所有的团体和个人都在这样的等级体系中发挥各自的力量,为实现组织目标而共同努力。由此,我们可以说组织不是人与人或人与物的简单集合体,而是一个复杂的,永远处于活动状态又不断在自我调节和自我发展的综合系统。

2. 一般高校的组织结构

从功能上来说,决策领导机构、职能管理部门、教学科研部门及有关教学辅助单位,有的高校还设有由兼职人员组成的咨询参谋机构,这是高校的组织系统;在管理层次上,大多数高校是三级管理,分为校、院、系或校、系,教研室三级,有的高校则在校和院系之间多出一级的管理层次,从而形成四级管理;在管理结构上,直线职能制的形式是较多高校采用的,例如,在采取校、系、教研室三级管理的高校中,从校长到系主任、从系主任到各教研室主任实行统一的直线式的指挥,同时,在高校一层设有各种承担具体管理职能的机构,如教务处、科研处、人事处等,在系一层也配置了承担某些具体管理职能的工作人员。

目前,许多高校都是采取这种分权制的组织结构。即高校采取校、院、系三级管理,高校往往把相当一部分管理权限交给学院一层,使其在办学和管理上具有一定的自主权,因而这些高校的组织结构在一定程度上则是一种分权制的形式。但也有一种现象是某些高校设置学院主要是为了加强相关学科之间的联合,而其实际管理权限有的和原来的体系并无多大差异。这种情况的管理体制,使得校、院、系三级管理实质上仍是一种直线职能制的结构,而并不是一种分权制的组织结构。

另外,很多高校成立了学科研究中心,这些中心都在一定程度上带着矩阵的特征。这是为了充分发挥各学科的优势,以便联合起来承担重大科研任务。

(二)统筹选择有效的激励方式

高校教师毕竟是一个特殊的人群,对其进行行为激励的方式和手段必须针对其特殊需要来设计。

根据行为科学的理论,一种激励手段的激励力等于某一行为结果的效价与期望值的乘积。所谓效价,是指个人对所从事的工作或达到某种预期目标的价值的估计;期望值是指个人对某项目标能够实现的概率的估计。当一个人认为某件事很值得做,而且他判断他做成功的可能性很大时,则这件事对他的激励作用就很大,这就是"乘积理论"。因此,高校教师在激励措施下是否会产生较高的效价和较大的期望值是在高校师资管理中选择激励方式和手段时需要关注的问题。

根据激励理论,结合我国高校师资管理的实践,我国高校师资管理采取的激励形式可以分为工作激励、目标激励和强化激励三部分。根据教师个人的兴趣、特长和能力,为其提供能充分发挥其才能的舞台和机会,并引导教师提高对工作意义的认识,使其感到自己工作所创造的重大的社会价值,产生很强的自豪感、责任感,激发出很高的工作积极性,这种激励方式是工作激励。

根据马斯洛需求层次理论,每个人都会有自我实现的需要,作为高校教师,对自我实现自我价值的要求更为突出。他们总是从事业的成就中获得内心需要的满足,这种个人愿望正好与高校和社会的目标完全吻合。根据事业发展的需要,制定出高校远期发展规划和近期奋斗目标,引导教师把个人的奋斗目标融入高校和国家的目标中去,在实现国家和高校目标的过程中实现个人的奋斗目标,这就是目标激励。目标激励之所以有效,是因为实现目标后,教师既可获得物质需要的满足,又可获得精神需要的满足。为了实现目标激励,我们要为教师设计建立一些按一定时空顺序构成的子目标系列。

采用一系列管理手段影响教师的行为活动和绩效,促使其在实现高校和国家的目标方面做出更大的努力,产生出更好的绩效,称为强化激励。在经济、科技和教育更加国际化的今天,人们的价值取向发生了很大的变化,仅靠工作激励和目标激励已难以充分调动教师的积极性,甚至难以稳定优秀的人才。如果能在职务晋升制度、表扬制度、奖励制度、业绩津贴制度、关键岗津贴制度上进行有效激励,就能使这种行为更加发扬光大。

参考文献

[1]汪应,陈光海,韩晋川.高校教师信息化教学能力构成研究[M].重庆:重庆大学出版社,2018.

[2]胡娇.高校教师教学能力[M].长春:吉林文史出版社,2018.

[3]王能东.高校思想政治理论课教师核心教学能力研究[M].北京:人民日报出版社,2018.

[4]黄培森.高校初任教师教学能力发展论[M].北京:中国社会科学出版社,2018.

[5]刘小林,曹开华.高校教师职业道德修养[M].南昌:江西高校出版社,2018.

[6]邵林海.地方高校体育教师专业发展研究[M].北京:冶金工业出版社,2018.

[7]赵德全.民办高校外语教学研究[M].上海:上海交通大学出版社,2018.

[8]袁静珍.普通高校工科学生创新和实践能力的培养途径研究[M].长春:吉林大学出版社,2018.

[9]谷菲菲.高校大学生可持续发展能力培养途径研究[M].北京:经济日报出版社,2018.

[10]牛蕊.能力本位视角下高校学生翻译能力培养实践[M].成都:电子科技大学出版社,2018.

[11]张振飞,范明英.应用型高校文化建设创新与实践[M].北京:光明日报出版社,2018.

[12]蒋建华,张晓峰.应用型高校实践教学探索[M].北京:中国纺织出版社,2018.

[13]杨非,张敏.信息化背景下高校思想政治理论课教学研究[M].北京:北京理工大学出版社,2018.

[14]洪柳.创新创业教育视域下高校公共事业管理专业实践教学体系改革研究与探索[M].长春:吉林大学出版社,2018.

[15]周利生,李正兴.高校思想政治理论课教学改革探析[M].北京:光明日报出版社,2018.

[16]李文翎.卓越教师培养的模式与实施探索[M].广州:广东人民出版社,2018.

[17]郑山明.地方本科院校教师队伍建设研究[M].北京:光明日报出版社,2018.

[18]董鹏.声乐教学与文化修养[M].北京:九州出版社,2018.

[19]张琕玡.应用型地方本科高校教师教学能力发展研究[M].长春:吉林大学出版社,2019.

[20]缪子梅.高校思想政治理论课教师教学能力发展研究[M].镇江:江苏大学出版社,2019.

[21]李颖.中国高校教师全英语教学 EMI 能力研究[M].北京:高等教育出版社,2019.

［22］谷茂恒,姜武成.高校体育教学评价体系的构建［M］.北京:航空工业出版社,2019.

［23］唐大光.专业发展视角下高校教师教学的理性思考［M］.长春:吉林科学技术出版社,2019.

［24］吴文亮.信息化时代高校英语教学理论的解构与重塑［M］.长春:吉林大学出版社,2019.

［25］李芳.高校思想政治理论课教学方法科学化研究［M］.北京:中央编译出版社,2019.

［26］丁俊苗.高校汉语语言学课程研究性教学研究［M］.青岛:中国海洋大学出版社,2019.

［27］褚瑞莉.激励理论视域下高校师资队伍构建研究［M］.北京:九州出版社,2019.